FOCA **INVESTIGACIÓN**

24

Diseño de cubierta
Sergio Ramírez

Reservados todos los derechos.
De acuerdo a lo dispuesto en el art. 270
del Código Penal, podrán ser castigados con penas
de multa y privación de libertad quienes
reproduzcan sin la preceptiva autorización o plagien,
en todo o en parte, una obra literaria, artística o científica,
fijada en cualquier tipo de soporte.

© José Saramago, Noam Chomsky, James Petras, Edward W. Said,
Alberto Piris, Antoni Segura, 2002
© Foca, ediciones y distribuciones generales, S. L., 2002
Sector Foresta, 1
28760 Tres Cantos
Madrid - España
Tel.: 91 806 19 96
Fax: 91 804 40 28
ISBN: 84-95440-30-X
Depósito legal: M. 25.165-2002
Impreso en COFÁS
Móstoles (Madrid)

José Saramago
Noam Chomsky
James Petras
Edward W. Said
Alberto Piris
Antoni Segura

¡PALESTINA EXISTE!

PRÓLOGO, ENTREVISTA A JOSÉ SARAMAGO
Y SELECCIÓN DE TEXTOS DE JAVIER ORTIZ

Prólogo

Éste es un libro de urgencia, referido a un problema a la vez viejo y urgente. Se trata de un problema viejo, porque hunde sus raíces en el centro del pasado siglo. Pero es, a la vez, un problema que nos urge, porque quienes nos dedicamos a escribir –no sólo nosotros, desde luego, pero también nosotros– estamos moralmente obligados a hacer algo que demuestre que nos oponemos a la barbarie. O, cuando menos, que deje constancia del horror que se está produciendo, gracias al *laissez faire* de los unos y a la colaboración cómplice de los otros.

Como obra de urgencia que es, este libro se compone de material recopilado a la carrera, en el plazo de apenas un mes.

Incluye una larga entrevista con el novelista portugués José Saramago (que respondió a mis preguntas por escrito, lo que confiere al texto un valor documental doble); un artículo del lingüista norteamericano Noam Chomsky, él mismo de origen judío; un trabajo –un compendio de trabajos, más bien– del también norteamericano y sociólogo James Petras; un ensayo de Edward W. Said, nacido en Jerusalén pero hace ya mucho asentado en Nueva York, en cuya Columbia University ejerce de profesor de Literatura; otro de Alberto Piris, general en la reserva y analista del Centro de Investigación para la Paz de Madrid; y, en fin, un amplio y documentado análisis cronológico del conflicto, obra de Antoni Segura, catedrático de Historia de la Universidad de Barcelona y conocido experto en el mundo árabe.

El artículo de Chomsky y la mayor parte de los que integran el trabajo de Petras fueron gestionados y traducidos por el equipo de *Rebelión*, periódico electrónico de información alternativa (www.rebelion.org) ampliamente conocido (1.700.000 *visitas* en abril de 2002) en el mundo de habla hispana. Confiamos en que esta primera colaboración de *Rebelión* con Foca inaugure un intercambio continuado y fructífero. El objetivo que *Rebelión* y nosotros mismos perseguimos es que algunos textos importantes, escritos en principio para su difusión exclusiva por Internet, disfruten no sólo del eco rápido de su presencia en la Red, sino también del algo más tardío pero menos perecedero reconocimiento de la imprenta.

El trabajo de Edward W. Said fue publicado en el número 6 de la *New Left Review* –cuya edición en castellano corre a cargo de Ediciones Akal– dentro de un amplio e interesante dosier titulado «Oriente Próximo: genocidio, autodeterminación, literatura y feminismo», que recomendamos muy vivamente.

El general Piris ha basado su aportación a este libro en la compilación, sistematización y puesta en contexto de numerosos artículos publicados por él mismo en los últimos años, tanto en el fenecido *Diario 16* como en el periódico electrónico *La Estrella Digital*.

El conjunto de estos *materiales* ofrece una muy importante panoplia de datos sobre la situación real y un conjunto extraordinariamente lúcido de criterios destinados a favorecer la reflexión y –confiamos– también la acción solidaria.

* * *

José Saramago me ha instado a que, como auspiciador y editor de esta obra, la prologue, incluyendo algún producto de mi propia cosecha analítica. Creo que me atribuye más conocimientos en la materia de los que realmente tengo.

Sin pretensión teórica alguna, me limitaré a dejar sucinta constancia de dos sentimientos que me asaltan siempre que tomo contacto con el conjunto de conflictos que se vienen viviendo en el Oriente Próximo.

El primero es una profunda irritación moral.

El segundo, una total perplejidad ideológica.

La irritación tiene dos vertientes.

De un lado, me indigna la utilización bochornosa que los dirigentes del Estado de Israel hacen de los sufrimientos históricos del pueblo judío, perseguido desde tiempo inmemorial en muchos países —España sabe no poco de eso— y cuya expresión más espantosa fue el Holocausto nazi-fascista llevado al paroxismo durante la II Guerra Mundial.

Se dice que no hay que olvidarlo, y estoy totalmente de acuerdo. Pero el riesgo del olvido sólo puede concernir al pasado. El Holocausto es pasado. En el momento actual, los judíos están ya muy lejos de ocupar un lugar destacado dentro del tétrico *ranking* mundial de las persecuciones étnicas. Es absurdo que pretendan que lo que les ocurrió con anterioridad a 1948 justifique lo que ellos vienen haciendo desde entonces.

Pero lo pretenden. Y, cada vez que alguien les reprocha que estén dedicándose a aplicar en el Oriente Próximo los mismos repulsivos métodos de los que ellos fueron otrora víctimas en tierras lejanas, echan mano del mismo expediente: para sufrimientos, los suyos.

¿Tiene derecho el injustamente condenado a condenar injustamente a los demás? Tal parece.

Pero semejante pretensión abusiva carecería de posibilidades si no hubiera quien estuviera dispuesto a dejarse abusar.

La inmensa mayoría de la población europea actual no tuvo participación alguna en el Holocausto. Ni para bien ni para mal. Quienes contaban con capacidad penal en 1945 son hoy septuagenarios, como poco. ¿Cuántos de ellos intervinieron en la persecución de los judíos?

Estamos hablando, por lo tanto, de un fenómeno residual, del que sólo cabría culpar a las presentes generaciones europeas —a una pequeña parte de ellas, en todo caso— si se mantuvieran en vigor los torvos principios del Dios del Viejo Testamento, dado a repercutir las infamias de los padres en los hijos, y en los hijos de los hijos, «y así hasta la tercera y cuarta generación», según reza el *Libro del Éxodo*.

Por fortuna, nuestro Derecho, menos incivilizado, prescribe la individualización de la culpa.

Pese a lo cual, los dirigentes europeos del 2002 tratan a las autoridades israelíes como si tuvieran alguna deuda que saldar con ellas. Como si la Europa del siglo XXI tuviera pendiente la expiación de algún crimen nefando de cuyo resarcimiento el Gobierno de Tel Aviv fuera merecedor.

Tan irritantemente absurda e irracional es su actitud que fuerza a plantearse si lo que en realidad la motiva es el apenado recuerdo del Holocausto... o si no se tratará más bien de una variante de solidaridad racista, de la que se beneficiaría el Gobierno sionista en su calidad de «destacamento blanco» en tierra «de moros». Porque, de lo contrario, se explica mal el empeño de las autoridades europeas en hacer un hueco a Israel en toda suerte de competiciones continentales, eurocopas de fútbol y Festival de Eurovisión incluidos[*].

Dice muy acertadamente Saramago que Israel es «rentista del Holocausto». Ésa es la razón de mi doble irritación: me indigna tanto el empeño de los dirigentes sionistas en parapetarse detrás del recuerdo constante del Holocausto, para así eludir la responsabilidad de sus crímenes actuales, como el hecho de que la llamada *comunidad internacional* acepte esa intolerable coartada para permitir que Israel se pase por el arco del triunfo todas las resoluciones de las Naciones Unidas y el Derecho Internacional en bloque[**].

En esa misma línea, me parece un insufrible sarcasmo la aburrida e irritante tendencia de Israel y sus defensores a justificarse diciendo que la suya es «la única democracia existente en la zona». Cual caricatura cruel de la antigua Atenas, donde los esclavos no eran reconocidos como ciudadanos, primero forman un colegio electoral selecto, limitado a los *elegidos*, y luego pretenden que el resultado de los votos de esa *casta* es la más acabada expre-

---

[*] Cuando, ya hace años, escribí un artículo mostrando mi perplejidad por la presencia de Israel en estos acontecimientos deportivos o –más o menos– culturales, que se suponen reservados para europeos, se me respondió que era algo que se hacía para dar a ese país la posibilidad de participar en contiendas de carácter continental, dada su pésima relación con los Estados que lo rodean. Hacían como si no se dieran cuenta de que alojar a Israel en las competiciones europeas era un forma de admitir que su pésima relación con los países vecinos no es culpa suya, sino de los otros.

[**] Es altamente significativo, en esta línea, que la Declaración sobre el Oriente Próximo suscrita en Barcelona por los jefes de Estado y Gobierno de la UE en la primavera de 2002 excluyera *deliberada y explícitamente* toda mención a la Convención de Ginebra. Esa referencia, que figuraba en el borrador de la Declaración, *desapareció* de su versión definitiva. Quedó claro que los dirigentes europeos *saben* que Israel no respeta las leyes internacionales sobre prácticas bélicas prohibidas, pero que *renuncian a exigirle que las acate*. Pues con eso como con todo.

sión de la democracia. Donde no hay ni verdadera libertad ni auténtica igualdad no puede haber democracia digna de tal nombre. Y en Israel no hay ni libertad ni –mucho menos– igualdad.

Me referiré ahora a la perplejidad ideológica que me provoca este conflicto, largo y cruel. Una perplejidad que nace del choque entre dos consideraciones aparentemente igual de sensatas.

La primera: parece de sentido común admitir que muchas reivindicaciones, por justas que fueran en sus orígenes, tienen fecha de caducidad. Por ejemplo: supongo que, para estas alturas, nadie consideraría sensato que la Generalitat catalana –por más que su himno rememore enfáticamente el hecho– planteara que le sean devueltos los derechos que perdió Cataluña a manos de los Borbones tras su 11 de Septiembre particular, en 1714. O que la Comunidad Valenciana hiciera lo propio apelando al vejatorio trato que sufrieron sus gentes tras la pérdida de la batalla de Almansa y la aprobación del Decreto de Nueva Planta, en 1716. Digo, por poner dos ejemplos.

Hay, en efecto, a lo largo y lo ancho del mundo, situaciones *de hecho* que tienen su origen en tal o cual derecho de conquista, genuinamente injusto: desde la invasión ibérica de buena parte del continente americano a la derrota y puesta en reserva de los amerindios de Norteamérica, pasando por la *europeización* forzosa de Australia y Nueva Zelanda.

Algunas injusticias mucho más recientes en el devenir histórico se han convertido también en realidades impuestas por la vía de los hechos, por lo cual ya casi nadie las conserva en su orden del día político. Pongamos, por ejemplo, la restauración de la monarquía en España.

O –y con esto regresamos al objeto de nuestra reflexión central– la existencia del Estado de Israel y su derecho a contar con unas «fronteras seguras». Unas fronteras tan seguras para adentro como extensibles para afuera, que él mismo ha ido imponiendo a tiro limpio desde hace más de medio siglo.

Si la Autoridad Nacional Palestina dijera que rechaza cualquier acuerdo de paz que no se base en la resolución primigenia de las Naciones Unidas, y que todos los territorios conquistados por Israel desde 1948 hasta hoy deben ser reintegrados a sus legítimos dueños, todo el mundo se le echaría encima: no sería «realista».

Ahora bien, si todas las personas «sensatas» del mundo nos ponemos de acuerdo en que los beneficios obtenidos por el uso de la fuerza o por la mera imposición deben darse por consolidados así que el conquistador demuestra tener la capacidad de mantener el nuevo *statu quo* durante un cierto número de años, o de convertir en irreversible la situación *de hecho*, ¿en qué medida no estamos todos admitiendo, en nombre de la «sensatez», que dedicarse a la conquista violenta es muy rentable?

O, por plantearlo más directamente: ¿en qué medida no estamos admitiendo que la política correcta –no éticamente, pero sí a efectos prácticos– es la de Sharon, lanzado a la ocupación de territorios palestinos y al asentamiento de nuevas colonias judías, levantadas sobre las cenizas de los anteriores poblamientos?

Si la admisión de la irreversibilidad de las conquistas consolidadas es lo «sensato», ¿qué tiene de insensato dedicarse a las conquistas?

Lo que todos los «sensatos» del mundo estamos diciéndole implícitamente a Sharon es: «No hagas caso de quienes te dicen que estás loco. Estás perfectamente cuerdo. Tú sigue avanzando, sigue ocupando, sigue matando, sigue expulsando. Impón tu dominio fáctico... y deja que el tiempo transcurra. Que, como decía Cela, "el que aguanta vence"».

Y eso es exactamente lo que vienen haciendo las autoridades israelíes desde hace años. Antes con más hipocresía, ahora con pleno descaro.

A estas alturas, no cabe duda alguna sobre los objetivos que están persiguiendo los israelíes con sus continuas *razzias* en Cisjordania y Gaza.

Formalmente, sostienen que actúan para poner «fuera de juego» a los núcleos terroristas palestinos responsables de la última oleada de atentados. Pero lo cierto es que se han dedicado a exasperar a los sectores más radicales de la resistencia palestina, conforme a la táctica provocadora aplicada por Sharon en la Explanada de las Mezquitas, para forzarlos a actuar y justificar con ello su reacción, inscribiéndola de paso dentro de la campaña internacional lanzada por George W. Bush contra «las fuerzas del Mal».

Pero, una vez que se ponen en marcha, los israelíes no se limitan en absoluto a la localización y arresto de los supuestos terroristas. Proceden a la detención masiva del conjunto de los hombres en edad de empuñar un arma y se dedican a la destrucción sistemática de las infraestructuras palestinas: de sus vías de comunicación, de sus telecomunicaciones, de sus industrias, de sus instalaciones eléctricas, de sus sembrados, de sus conducciones de agua, de sus edificios... El objetivo –atentados suicidas al margen– es, de toda obviedad, hacer la vida imposible a quienes habitan en los territorios invadidos. Para forzarlos a irse.

Los que se *aferran a la tierra* quedan recluidos en áreas perfectamente delimitadas –incluso por alambradas–, comunicadas entre sí por vías que Israel controla. Es la variedad israelí de los guetos sudafricanos.

Con lo cual se crea una situación *de hecho* que, dentro de unos años –o tal vez antes–, se nos invitará a considerar «inevitable» y a tomarla como punto de partida forzoso para cualquier posible negociación. Porque será –nos dirán– la única posibilidad «sensata» y «realista». Igual que se toma como base la anexión de los anteriores territorios no previstos en la resolución de las Naciones Unidas a la hora de la partición de 1949 y sumados desde entonces al Gran Israel.

Reconozco mi perplejidad. ¿Qué clase de «sensatez» y de «realismo» son éstos, que mueven a sancionar la barbarie y a dejar la justicia en el olvido?

Madrid, mayo de 2002
Javier Ortiz

José Saramago:
«Israel es rentista del Holocausto»

[El Nobel portugués contesta por escrito a un amplio cuestionario de Javier Ortiz sobre su viaje a Oriente Próximo y explica en profundidad su total rechazo a la agresión israelí contra el pueblo palestino]

NOTA PREVIA DE JAVIER ORTIZ

El texto que sigue, y que finalmente presenta la forma de una entrevista convencional, tuvo en la práctica una gestación compleja, iniciada durante una larga y distendida cena que tuve con José Saramago tras su regreso de Ramala, horas antes de que emprendiera una prolongada gira de conferencias por los EE.UU. El Nobel portugués no veía clara mi propuesta: «¿Una entrevista en profundidad conmigo sobre el conflicto de Palestina? ¡Pero si yo no soy un experto! Muchísima gente tiene conocimientos más profundos que los míos», me repitió una y otra vez. A lo que yo le respondí –también una y otra vez– lo mismo: «Sí. Pero tú has tenido una experiencia personal muy viva, y tus declaraciones han supuesto un aldabonazo para la opinión pública internacional. Se trata de amplificar el eco de ese toque a rebato. Se lo debes a la gente que está sufriendo allí».

Finalmente, no sé si por la fuerza de mis argumentos o por la tenacidad de mi insistencia, aceptó, no sin advertirme: «Pero yo sólo hablaré de lo que sé».

Convenimos también –con gran satisfacción por mi parte– que respondería a mis preguntas por escrito.

La realización práctica de la entrevista resultó bastante azarosa. Yo iba enviándole las preguntas por correo electrónico a los EE.UU. y él iba remitiéndome las respuestas según las iba redactando en los escasos ratos libres que le dejaba su periplo norteamericano *from coast to coast*. Sobre la marcha se me ocurrían nuevas preguntas, o él retornaba sobre lo ya escrito para matizar o ampliar alguna respuesta, o yo volvía a la carga apelando a tal o cual artículo nuevo publicado por él, o refiriéndome a unas u otras declaraciones suyas a este o aquel medio de prensa... Supongo que tal vez fuera más correcto decir que el resultado final se parece más a un intercambio epistolar vía Internet que a una entrevista propiamente dicha.

En todo caso, y sea lo que sea, el trabajo que viene a continuación presenta la indiscutible ventaja de que las respuestas del novelista son, como decía, por escrito, y no la trascripción más o menos afortunada que el periodista hace de un intercambio oral improvisado. Lo que apareja otros dos beneficios más: la exactitud y la concisión de sus contestaciones.

El lector apreciará que Saramago fue fiel a la advertencia que me había hecho. Pese a mis invitaciones, renuncia a opinar de aquellos asuntos sobre los que no se considera suficientemente informado. En tales casos, he dejado constancia tanto de las preguntas como de sus muy lacónicas respuestas, para que testimonien sobre su honestidad intelectual. Él afirma lo que tiene claro que puede afirmar, y nada más.

Sólo he suprimido del amplio intercambio epistolar una pregunta y una respuesta. Se entenderá: mi pregunta ocupaba ni más ni menos que 43 líneas y su respuesta constaba de... ¡una línea! Decía: «Enteramente de acuerdo con tu reflexión».

Llegué a pensar la posibilidad de proponerle: «¿Y si transcribo mi pregunta como si fuera una respuesta tuya?». Pero la materia que nos traíamos entre manos no animaba a las bromas.

Lo que el lector encontrará a continuación es —de eso sí estoy seguro— un repaso amplio de las opiniones y los diagnósticos reales de José Saramago, hechos de su puño y letra, sobre la agresión del Estado de Israel contra el pueblo palestino.

* * *

—*Antes de nada, ¿qué es el Parlamento Internacional de Escritores? ¿Cómo se creó? ¿Qué pretende? ¿Quiénes lo integran?*

—Cualquier información que dé sobre este punto sería siempre insuficiente. Sugiero, por lo tanto, que se consulte el *site* del Parlamento Internacional de Escritores[*].

En esa web se explican muchas cosas. Entre ellas, las circunstancias que dieron origen a la creación del Parlamento. Se cuenta cómo, en julio de 1993, tras el asesinato del escritor argelino Tahar Djaout, se lanzó desde Estrasburgo un llamamiento por iniciativa del *Carrefour des Littératures*, en el que se afirmaba la necesidad de crear una estructura capaz de organizar una solidaridad concreta con los escritores víctimas de persecución. En pocos días, el llamamiento fue firmado por 300 escritores de todo el mundo. Así nació el Parlamento Internacional de Escritores (PIE).

El PIE se marcó diversos objetivos, el principal de los cuales es la defensa de la libertad de creación en cualquier lugar en el que se vea amenazada, realizando informes e investigaciones sobre las nuevas formas de censura. El 14 de febrero de 1994, quinto aniversario de la *fatwa* lanzada contra Salman Rushdie, el PIE nombró un Comité Ejecutivo compuesto por siete miembros: Adonis, Breyten Breytenbach, Jacques Derrida, Édouard Glissant, Salman Rushdie, Christian Salmon y Pierre Bourdieu, ya fallecido. Rushdie, que fue elegido primer presidente del PIE, redactó una Declaración de Independencia, texto que hace las veces de Declaración de Principios del Parlamento.

—*¿Cómo surgió la idea del viaje? ¿Qué se buscaba con él? ¿Cómo se decidió la composición personal de la delegación?*

—Por lo que creo saber, fue Wole Soyinka el que tuvo la idea del viaje. El objetivo era expresar la solidaridad del Parlamento Internacional de Escritores no sólo con el poeta Mahmud Darwish, sino también con todos los poetas, escritores y artistas palestinos que, como él, se encontraban enclaustrados en las ciudades donde vivían, sin autorización para viajar o siquiera desplazarse de un lugar a otro. La composición de la delegación estuvo organizada por el director ejecutivo del PIE, Christian Salmon, teniendo en cuenta, como es natural, la disponibilidad de tiempo de los escritores invitados y también, en la medida de lo posible, la diversidad de sus procedencias nacionales.

En vísperas del viaje, el Parlamento de Escritores hizo público un manifiesto en el que dio cuenta de los objetivos de

---

* http://www.autodafe.org

nuestra misión, a los que nos atuvimos durante nuestra estancia en Ramala**.

—*Tengo entendido que ya habías estado antes por allí. ¿En qué condiciones? ¿Cómo fueron esas experiencias?*

—La primera vez que viajé a Israel fue, si no me equivoco, en 1990, para la presentación de la traducción hebraica del *Memorial del convento*. Se me ofreció, entonces, la posibilidad de viajar por la región, desde Belén hasta la frontera con el Líbano y a los montes del Golán. Sólo al final del viaje supe que había sido transportado en un coche blindado... No pude tener entonces contacto con los palestinos, pero no fui insensible a su silencio ni a la tristeza de las miradas que se cruzaban con las mías. Debo confesar, sin embargo, que, probablemente por la satisfacción de verme traducido por pri-

---

** Éste es el texto del manifiesto del Parlamento Internacional de Escritores, hecho público en vísperas de que viajara una delegación suya a Palestina, bajo el título *Por la paz en Palestina*:
«En Palestina hay una guerra. En ella no se enfrentan los ejércitos de dos Estados enemigos, sino uno de los ejércitos más poderosos del mundo y un pueblo ocupado. Día y noche, desde hace meses, el Ejército israelí rastrea centímetro a centímetro los territorios que se hallan bajo la Autoridad Palestina. Se multiplican los puestos fronterizos, se ponen muros a la entrada de los pueblos, se paraliza el flujo de la población, se crean guetos, reservas, en los que ya no circulan más que tanques y sobrevuelan permanentemente los helicópteros del Ejército.

Una vez más, se cede a la ilusión de la omnipotencia de las armas, de la destrucción total del adversario, cuando lo que en realidad se está alimentando es la espiral de atentados ciegos y represalias. Una vez más, se pretende garantizar por la fuerza la seguridad de cada uno cuando lo que se instala de modo duradero es la guerra de todos contra todos. Una vez más, cedemos a la ilusión de cada uno en su casa, al espejismo de unos Estados étnicamente puros, a la demente lógica del *apartheid*, en una tierra que ha sido tejida por la diferencia, en la que no hay únicamente dos verdades, dos creencias y dos pueblos, sino un número infinito de lenguas y de culturas. Frente al agravamiento de la situación en Palestina, el Parlamento Internacional de Escritores:
— expresa su solidaridad con todas las poblaciones civiles cruelmente afectadas por el conflicto y pide que se beneficien lo antes posible de la protección internacional bajo la égida de la ONU;
— estima que el fin de la ocupación militar y la vuelta a las negociaciones son los únicos medios de lograr una paz duradera;
— envía una delegación de escritores, que se trasladará del 24 al 29 de marzo de 2002 a los territorios ocupados y a Israel, para encontrarse con escritores y artistas palestinos e israelíes, así como con representantes de movimientos civiles que luchan por la paz y el diálogo cultural.

mera vez al hebreo y por las atenciones (tanto particulares como oficiales) de que me vi rodeado, no presté la debida atención a la situación de los palestinos. Seguramente también influiría en mi relativa desatención la apariencia de «paz» que en esa época se observaba. Cuando regresé a Lisboa di una conferencia sobre las impresiones del viaje, en particular las emociones que experimenté en los diversos lugares que mantienen viva la memoria del Holocausto.

–Esta vez has estado cinco días, ¿no? ¿Qué viste, con quién hablaste?

–Lo que vi en Palestina me hizo comprender que mucha de la información corriente que circulaba en los medios de comunicación (me refiero a la información anterior al agravamiento de la situación, una vez que ahora difícilmente alguien podrá alegar ignorancia) era insuficiente y superficial, cuando no tergiversada, salvo en ocasiones muy concretas, cuando el dramatismo de los episodios narrados o una fácil aprehensión de las imágenes hacían «atractiva» la noticia. Con mis colegas, estuve en Ramala y en la Franja de Gaza, oí la protesta indignada de los que vieron sus casas destruidas, los lamentos de los que lloraban a sus muertos, vi largas filas de palestinos a la espera de que les permitieran el paso en los puestos de control para ir a trabajar en el «otro lado», percibí la frialdad con que los soldados israelíes intentaban enmascarar su propio miedo... Se respiraba la tensión en el ambiente, corrían noticias de concentraciones de tanques, era evidente que el Ejército israelí estaba preparándose para una ofensiva a gran escala. Sabemos lo que sucedió después.

–Se te ha reprochado que no mostraras interés por contactar con escritores israelíes y conocer sus puntos de vista.

–Hablé con escritores israelíes situados políticamente a la izquierda que me expresaron sus preocupaciones y su voluntad de paz. Me di cuenta de que existe una minoría de israelíes que desean una solución justa para los palestinos, pero también se me hizo claro que ningún partido en Israel, en el actual marco polí-

---

El Parlamento Internacional de Escritores toma las disposiciones necesarias para acoger a escritores palestinos en la red de Ciudades Refugio y abre su página en Internet a todos aquellos que, en Israel y Palestina, escritores y artistas, deseen organizarse y hacer públicos sus testimonios».

tico, tiene condiciones para hacer suyas y promover entre la población esas aspiraciones de paz y de justicia. Conviví durante algunas horas con un admirable grupo de teatro formado por judíos y palestinos, cambié impresiones y admiré el valor de jóvenes que pagaron con la cárcel su negativa a prestar servicio militar en los territorios ocupados. Pero es obvio, incluso para un observador superficial, que la mejor parte del pueblo israelí se encuentra atada de pies y manos, y sin la mínima posibilidad de organizarse políticamente para los cambios necesarios.

—*Con todo el ruido que organizó la visita, mucha gente no se enteró de que uno de los objetivos del viaje era visitar a Mahmud Darwish. Háblame de él.*

—El objetivo inicial del viaje, del que antes he hecho referencia, nunca se olvidó. En un teatro de Ramala se realizó una lectura de textos poéticos y de ficción, tanto de los escritores de la delegación como de poetas y escritores palestinos. Mahmud Darwish estaba presente y fue aplaudido como pocas veces he visto aplaudir a un poeta. Se percibía que la voz de Mahmud, no siendo la voz única del pueblo palestino, es aquella que con más intensidad expresa sus dolores y sus esperanzas. Me pregunto si están todavía vivos todos aquellos hombres y mujeres que llenaban el teatro. Me pregunto si el propio teatro todavía estará en pie.

—*La comparación que hiciste entre la situación en que el Gobierno de Israel mantiene al pueblo palestino y la que vivieron muchos judíos en campos de concentración nazis como el de Auschwitz ha levantado muchas y muy furibundas iras. ¿Qué pretendías al hacer esa comparación? ¿En qué sentido te parece rigurosa y en qué sentido crees que sería impropio establecerla?*

—Para los judíos, Auschwitz es la palabra prohibida. Llegaron a decirme en Jerusalén que podía llamar a los israelíes lo que quisiera, pero que nunca pronunciara tal palabra. Auschwitz es para los judíos una herida que probablemente no cicatrizará jamás. Pero es también una herida que ellos no quieren ver cicatrizada, que constantemente arañan para que continúe sangrando, como si pretendieran hacernos responsables de ella. Auschwitz, en cierto modo, impide a los judíos enfrentarse con la realidad del mundo.

Es evidente que tenía clara conciencia de lo que iba a suceder al pronunciar la palabra maldita, pero creo que fue el hecho de haberla dicho y de haberme arriesgado a las consecuencias lo que hizo renacer un debate cada vez más necesario, el debate que servirá para esclarecer las responsabilidades del pueblo de Israel en su propia situación. The Wall Street Journal escribió que mis declaraciones habían levantado en Europa una ola de antisemitismo. Es absurdo, no puedo tanto... Además, si algún antisemitismo anda por ahí, la culpa no la tengo yo, sino precisamente quien de él se queja, es decir, el gobierno de Israel y la mayoría que lo apoya.

Mis declaraciones sobre Ramala y Auschwitz han sido tergiversadas sistemáticamente. Yo no comparé los *hechos* de Ramala con los *hechos* de Auschwitz, sino el *espíritu* de Auschwitz con el *espíritu* de Ramala. Lo anuncié cuando esa realidad era ya patente para cualquier persona que se atreviera a mirarla de frente. Luego el Ejército israelí se ha encargado de confirmarla del modo más terrible.

El «plan de paz» que Sharon presentó a Bush para obtener su visto bueno apunta claramente en esa dirección. Prevé un remedo de Estado palestino sin capacidad militar y con autoridad sobre un territorio reducido, que incluiría zonas de seguridad, vallas, alambradas electrificadas y puestos de control, todo ello destinado a separar físicamente a los árabes de los israelíes. Dibujemos un mapa y veremos nítidamente que lo que Sharon pretende es convertir el llamado «territorio palestino» en un inmenso campo de concentración.

No me ha sorprendido, insisto, la reacción que ha tenido la referencia a Auschwitz. Es más, podría decir que, aparte de esperarla, la forcé deliberadamente. Si hubiera formulado una crítica rutinaria, habría encontrado un eco rutinario. Todos los días se producen críticas rutinarias contra Israel y nadie las tiene en cuenta. Ésta ha obligado a que se discuta sobre el fondo del problema. Israel está expulsando a los palestinos y, a los que no consigue expulsar, los recluye en algo que cada día adquiere más nítidamente los caracteres de un espacio concentracionario.

—Sabes que no eres el único que utiliza el símil de «campos de concentración» al referirse a Palestina.

—Claro que no. Ni en público ni en privado. Por citar sólo un ejemplo, te diré que me acaba de llegar una carta de Brasil, de un brasileño judío, con unas reflexiones propias muy interesantes, y con citas de intelectuales judíos que todos admiramos y que nos ayudan a entender lo que pasa. Una de estas citas es de Hannah Arendt, que, hace años, refiriéndose a la tragedia de su pueblo, escribió: «Es perfectamente concebible, e incluso cabe dentro de las posibilidades políticas prácticas, que un bello día, una humanidad altamente organizada y mecanizada llegue a la conclusión, de manera democrática —es decir, por decisión de la mayoría—, de que a la humanidad, entendida como un todo, le conviene liquidar ciertas partes de sí misma». Para Hannah Arendt a esta conclusión se llega cuando se admiten que hay pueblos «descartables», a los que se les puede despojar primero de su tierra, luego de la condición de ciudadanos con derechos, finalmente de la vida que van arrastrando casi sin capacidad de defensa. Mi corresponsal brasileño decía que el pueblo palestino, para el gobierno de Israel, para los ciudadanos que lo han elegido y para las dictaduras árabes vecinas, se ha convertido en un «pueblo descartable», a imagen y semejanza de lo que ocurrió con el pueblo judío en los primeros decenios del siglo XX. Y hay similitudes si lo miramos bien.

—¿Has recibido estos días muestras de apoyo, de concordancia con tus planteamientos, por parte de judíos?

—Sí, muchas y algunas son testimonios desgarradores de personas que sufrieron en sus carnes todos los atropellos por el hecho de ser judíos, incluso la experiencia terrible del campo de concentración. Tengo cartas de supervivientes o de familiares de supervivientes que no consiguen entender la política de Ariel Sharon ni a quienes conociéndolo lo votaron. El gran poeta Juan Gelman, también judío, ha escrito, y me lo mandó para que lo leyera, un artículo que habla de los *refuzniks*, los reservistas de las fuerzas armadas israelíes que se niegan a servir en los territorios palestinos ocupados. Pues bien, en ese artículo además de contar los agravios que sufren los *refuzniks*, es decir, cárcel, pérdida de empleo, aislacionismo social, la consideración de traidor, tanto para el reservista como para su familia, Gelman, que sabe de lo que habla, narra historias de civiles que no escapan del clima de intolerancia operante. Textualmente dice: «La mítica cantante Yaffa Yarkoni, de setenta y siete años, que desde la guerra de

1948 ha acompañado todas las batallas de las tropas israelíes, luego de mirar un noticiero con escenas de Yenín declaró a la radio del ejército: "Cuando vi a los palestinos con las manos atadas a la espalda, hombres jóvenes, me dije 'es lo mismo que nos hicieron en el Holocausto. Somos un pueblo que atravesó el Holocausto. ¿Cómo somos capaces de hacer esto?'" Reuven Rivlin, ministro de Comunicaciones, calificó esas palabras de "blasfemia" y se suspendió un homenaje a Yarkoni que se venía preparando desde hacía dos años: no por las presiones del gobierno, sino del público». Hasta aquí el relato de Gelman, aunque podríamos seguir leyéndolo, porque cuenta que 43 profesores de la Universidad firmaron una declaración para impedir que el ex ministro de Justicia de Israel Yossi Beilin pudiera impartir una conferencia en la Universidad Ben Gurion por haber participado en la elaboración de los acuerdos de paz de Oslo. Recuerda también Gelman una frase de Michael Lerner: «Si un pueblo está involucrado en la brutalidad hacia fuera, es seguro que la crueldad y el odio se reflejarán también dentro de esa comunidad». Por cierto, el número de *refuzniks* es algo así como el uno por mil de los 400.000 reservistas del ejército israelí.

—*Hagamos ahora un repaso valorativo de las acusaciones que te han lanzado por tus afirmaciones. ¿Qué te parecen, en particular, las reacciones de Amos Oz, David Grossman y otras personalidades de la oposición israelí?*

—Muchas de las personas que me atacaron nunca han ido a ver cómo viven los palestinos... Y, aunque quisieran, probablemente no se lo permitirían. Mahmud Darwish no puede ir a Jerusalén a conversar con David Grossmann o Amoz Oz, pero éstos tampoco pueden ir a Ramala a conversar con Mahmud Darwish... En cuanto a la oposición israelí, sería preciso saber exactamente de qué estamos hablando cuando decimos esas palabras. Existe una oposición casi «subterránea»: estuve con hombres y mujeres que forman parte de ella, pero no oí a nadie decir que alguna vez Grossmann u Oz se hubieran mostrado dispuestos a trabajar políticamente con ellos. Oposición debería ser el Partido Laborista, pero está en el Gobierno. En la remota hipótesis de que Ariel Sharon llegue a caer, ¿dónde está la fuerza política organizada que pueda presentarse a los electores israelíes como alternativa creíble?

—¿Cómo puede entenderse que gentes que se dicen de izquierda defiendan la existencia de un Estado de base religiosa, que prohíbe el matrimonio civil, que limita los derechos políticos de una parte de su población, que niega la ciudadanía a quienes siempre vivieron allí y la concede en función de la adscripción religiosa, que tiene legalmente regulada la tortura, etcétera?

—Mientras no «refundemos» la izquierda (¿cuándo, cómo y con qué ideas?), todas las confusiones son y serán posibles. En cuanto a Israel, está claro que se trata de un Estado parateocrático en el que se ha perdido (si es que alguna vez la tuvo) una noción consensual de pensamiento de izquierda, tal como, hasta tiempos recientes, lo entendíamos en Europa.

—Se te ha tachado de antisemita. ¿Cuáles son tus sentimientos ante el pueblo judío?

—Llamarme antisemita es una cortina de humo, o simplemente una estupidez malintencionada. En todo cuanto he escrito hasta hoy no se encuentra una sola palabra de donde honestamente se pueda concluir la existencia, en mí, de ese sentimiento. Cuando los judíos creían y difundían que había escrito *Ensayo sobre la ceguera* pensando en el Holocausto, no me llamaban antisemita. Cuando se decía, sin el más mínimo fundamento, que uno de mis libros lo había escrito en Israel, tampoco me llamaban antisemita. Dicen ahora que lo soy porque esa falsedad conviene a su propaganda.

Pero sí me manifiesto en contra de la incapacidad que están demostrando los israelíes para extraer lecciones de humanidad de los espantosos sufrimientos que padecieron sus antepasados. En lugar de aprender de las víctimas, se han inscrito en la escuela de los verdugos. ¿Que ayer fueron segregados? Ahora segregan. ¿Que fueron torturados? Ahora torturan. Hay un fragmento de *El evangelio según Jesucristo* en que, indirectamente, coloco a los judíos de cara a su responsabilidad en relación a los palestinos, pero eso no lo entendieron los israelíes. Dos horrores les impiden a los judíos mirarse al espejo: el de Auschwitz y el de su propia conciencia ahora.

—Es desalentador comprobar, como antes decías, qué magras son las filas del verdadero pacifismo israelí, ¿verdad?

—Es que resulta mucho más fácil educar a los pueblos para la guerra que para la paz. Para educar en el espíritu bélico basta con apelar a los más bajos instintos. Educar para la paz implica enseñar a reconocer al otro, a escuchar sus argumentos, a entender sus limitaciones, a negociar con él, a llegar a acuerdos. Esa dificultad explica que los pacifistas nunca cuenten con la fuerza suficiente para ganar... las guerras.

En este caso, además, estamos hablando de un pueblo que vive preso de un imaginario enfermizo que le hace sentirse «elegido» y, por tanto, avalado por una patente de corso de origen divino.

—En cierta ocasión —tú me lo contaste hace meses— te ofrecieron formar parte del cuadro de honor de una fundación norteamericana integrada —tal vez no de derecho, pero sí de hecho— en el lobby *sionista estadounidense, y te negaste. Si no me falla la memoria, les explicaste tu negativa haciendo una relectura del mito del enfrentamiento entre David y Goliat, relectura que luego has reflejado en algunos artículos. ¿Podrías recordar aquel episodio?*

—Se trataba de la Fundación Raoul Walenberg. Pretendían nombrarme miembro honorario, y yo rehusé. Añadí que aceptaría con el mayor gusto la invitación el día que una voz de un judío con responsabilidades oficiales y públicas pronunciara una palabra que se oyera en todo el mundo en defensa de los derechos del pueblo palestino. Me dijeron entonces que yo no podía comprender la historia del pueblo hebreo (es un argumento muy usado, ése de que no podemos comprenderlos) y que su lucha había sido siempre la de David contra Goliat, el minúsculo contra el gigantesco, el débil contra el fuerte, etcétera, etcétera. Se me ocurrió entonces (nunca lo había pensado antes) que esa historia siempre había sido mal contada, que, en realidad, el más fuerte de los dos era David, porque tenía un arma, la honda, capaz de herir o matar a distancia. Ante el descontento de las personas que me habían invitado, añadí, irrefutablemente, que David estaba armado con lo que en aquel tiempo, desde la perspectiva de hoy, podía asociarse a una pistola y que Goliat no había tenido siquiera la posibilidad de aproximarse. No creo haberlos convencido, pero sólo porque hay verdades que son difíciles de tragar cuando nos alimentamos espiritual y materialmente de mitos.

—Leí que tus libros han sido retirados de las estanterías de las librerías israelíes, donde venían teniendo una excelente acogida.

—En aquellos días, efectivamente, hubo librerías que, por decisión propia o presión de los lectores, retiraron mis libros. Sé que, en ciertos casos, algunas que habían retirado los libros de los escaparates pasaron después a venderlos por debajo del mostrador...
De todas formas, según me cuentan, en marzo se vendieron en Israel 3.000 ejemplares de *Todos los nombres*. En abril, tras mis declaraciones en Ramala, 280. Eso parece indicar que 2.720 lectores estaban equivocados sobre mí y que 280 sabían quién era yo. Ésos son los que me importan.

—Tampoco sabemos cuántos de quienes compraron la obra en marzo se arrepintieron de haberlo hecho...

—En todo caso, lo que sí sabemos es que los 280 de abril estaban ya sobradamente informados. Por eso subrayo su actitud.

—He leído que te han reprochado no tener en cuenta que donde tus libros han tenido tradicionalmente más éxito es en Israel, no en Palestina.

—Y yo he respondido que ése es un argumento estúpido y mezquino, que evidencia una mentalidad avariciosa. Es verdad que en Israel no falta dinero para comprar libros, pero yo no comercio conmigo mismo: no me vendo a quien compra mis libros.
De todos modos, que esa gente tan preocupada por mis derechos de autor no se inquiete: mis obras también están traducidas al árabe. Estoy seguro de que algunos de mis libros también circularán por Palestina. Aunque es probable que más de un ejemplar haya quedado enterrado bajo los escombros de Yenín.

—En cualquier caso, no deja de producir una cierta melancolía ver a judíos rompiendo libros, retirándolos de la vista o quemándolos. También eso sugiere paralelismos terribles.

—Este tipo de represalias representa uno de los capítulos más comunes de la interminable historia de la intolerancia. El libro ha sido siempre una de sus primeras víctimas. Cuando se prohíbe un libro, lo que se quiere es eliminar a la persona que lo escribió.

—*Un conocido periodista israelí ha escrito que «si Israel es como el III Reich, entonces Tel Aviv es como Dresde, con lo que podría ser bombardeada sin remordimientos». Se deduce de ello que, para él, el bombardeo de Dresde fue una decisión justa, lo que implica una traslación de las responsabilidades de los crímenes de Hitler al conjunto de la población alemana de su tiempo. ¿Has percibido un sentimiento generalizado de ese tipo en la opinión pública israelí con respecto a la población palestina? ¿Hay un odio colectivo hacia lo palestino?*

—No soy capaz de comprender el raciocinio, si así se le puede llamar, de ese periodista. La rabia debe haberle obstruido el entendimiento. Pasemos, por lo tanto, a otra cosa. Contra los palestinos no hay solamente desprecio, hay también odio. Cuento un episodio ocurrido durante una visita que algunos miembros de la delegación hicimos a la ciudad vieja de Jerusalén. Nos acompañaba un palestino, Elías Sanbar, traductor en Francia del libro de Mahmud Darwish *La terre nous est étroite*. En cierto momento, un judío que pasó junto a nosotros pronunció una palabra hebraica que evidentemente no podíamos entender. La expresión del rostro de Elías Sanbar me hizo preguntarle qué era lo que el hombre había dicho, y Sanbar respondió: «Dijo: "Cortar el cuello"; se dio cuenta de que yo era árabe». Cortar el cuello, lo mismo que degüello. Se dirá que se trata de un caso aislado. Yo preferiría llamarlo sintomático.

—*Tú no sólo hablaste de «nazi-judíos», sino que también comparaste al régimen de Tel Aviv con la Sudáfrica del* apartheid, *aunque esa otra observación, que tus compañeros de expedición suscribieron en el manifiesto que hicisteis público antes de la visita, apenas fue comentada. Sin embargo, me pregunto si esa otra comparación es correcta. Pretoria no practicó realmente el* apartheid, *dígase lo que se diga, sino la segregación: «Para blancos, para negros». Quería que hubiera negros, sólo que «en su sitio». Es Israel la que ha aplicado un verdadero* apartheid, *procediendo a la expulsión de la «raza maldita». Entre 1947 y 1949, más del 50 por 100 de la población árabe fue echada de Palestina. Unas 700.000 personas. Eso sí se atiene a la literalidad del* apartheid. *Podría hablarse incluso de limpieza étnica.*

—No fui yo el que usó por primera vez las palabras «nazi-judíos», sino un judío, una gran figura intelectual y moral, el profesor Leibowitz (fallecido en 1994), que, en un ensayo que provocó una enorme polémica en Israel, acusó al Ejército israelí de «judíonazi». Si todavía estuviera vivo, ¿cómo calificaría el profesor Leibowitz las más recientes acciones bélico-terroristas de los militares israelíes? En cuanto al *apartheid*, analizar sus contenidos ideológicos y programáticos está fuera del ámbito de esta respuesta. Sin embargo, no veo grandes diferencias entre *apartheid* y segregación, una vez que, en principio, se «limitan», uno y otro, a prácticas que niegan lo que Pierre Bourdieu expresó en esta fórmula brillante: «El otro es como yo y tiene el derecho de decir "yo"». Si Israel hubiera simplemente «empujado» a los palestinos hacia Cisjordania y la Franja de Gaza, podríamos hablar, indistintamente, con razonable precisión, de segregación o *apartheid*, pero lo que en realidad pasa es algo diferente y peor: Israel no quiere tener a los palestinos como vecinos; quiere que desaparezcan del «paisaje». En una entrevista dada al *Diário de Notícias* de Portugal el 7 de abril, Adiel Mintz, presidente del Yesha Council, organización gubernamental que administra los asentamientos judíos en Cisjordania y en la Franja de Gaza, a la pregunta del periodista: «¿Tiene proyectos para construir nuevos asentamientos?», respondió lo siguiente: «Me gustaría traer un millón más de personas a Judea y Samaria en los próximos diez o quince años. Pero, principalmente, ampliando las comunidades ya existentes». No se puede ser más claro en cuanto al futuro que Israel ha diseñado para los palestinos, si le dejan las manos libres...

—*Te han acusado de haber sucumbido a «la propaganda barata palestina», y has contestado que prefieres «la propaganda barata palestina a la propaganda cara israelí». Háblanos del poder del aparato propagandístico sionista a escala internacional. ¿Existe? ¿Lo has podido percibir? ¿Sientes que estás en su punto de mira?*

—No me doy a mí mismo la importancia de pensar que me encuentre en las miras del sionismo. Para ellos soy una mosca impertinente, inesperadamente incómoda, nada más. En cuanto al poder del «aparato propagandístico sionista internacional», véase este simple ejemplo. Una reciente manifestación de judíos en Washington fue noticia de primera página en *The New York Times*, al tiempo que otra manifestación, ésta a favor de los palestinos, realizada dos días después, no mereció más que una lacónica referencia en la página 13... Dos pesos y dos medidas: ninguna objetividad, ninguna imparcialidad. Sobre mi reacción a la acusación del Ministerio de Asuntos Exteriores de Israel de haber sido «víctima de la propaganda barata de los palestinos», lo que respondí exactamente fue lo siguiente: «Prefiero ser víctima de la propaganda barata de los palestinos a ser cómplice de la propaganda cara de Israel». Los hechos sucedidos desde ese día no me han hecho cambiar de postura ni de opinión.

—*Alguna gente europea de izquierda dice que los escritores del PIE fuisteis a Palestina a mostrar vuestra solidaridad a Yasir Arafat, pero que Arafat no se merece esa solidaridad. Que él es otro opresor del pueblo palestino. Señalan que la policía de Arafat ha sido denunciada repetidamente por Amnistía Internacional, que su camarilla se ha enriquecido a costa de la gente sencilla, etcétera. ¿Cómo ves la actuación de la Autoridad Nacional Palestina? ¿Qué opiniones has recogido al respecto?*

—Ya he explicado más arriba los motivos de nuestro desplazamiento a Palestina. Como simples miembros de una delegación, en ningún momento de la preparación del viaje se pensó en expresar a Yasir Arafat una solidaridad que ciertamente no sería compartida por todos los miembros del Parlamento Internacional de Escritores. Si finalmente fuimos a visitarlo, no fue a solicitud nuestra, sino porque el propio Arafat manifestó interés en encontrarse con nosotros. Amnistía Internacional habrá tenido razones objetivas para denunciar a la «Policía de Arafat y su camarilla», pero no le faltarían razones para denunciar igualmente al Ariel Sharon de Sabra y Chatila o de Yenín, o al Kissinger de todas las guerras frías y calientes que permanecen en nuestra memoria, o al Bush Jr. que mandó arrasar Afganistán con el pretexto de querer «cazar» a Ben Laden, pero cuyo objetivo real es «ocupar» el espacio por donde tendrán que pasar los proyectados *pipe-lines* de gas natural...

Con sus luces y sus sombras, sus aciertos y sus errores, su limpieza moral o su corrupción, la Autoridad Nacional Palestina es el único representante internacionalmente reconocido del pueblo palestino. No confundamos la verdad y la legitimidad de las acusaciones que le sean hechas con las maniobras de distracción que se aprovechan de ellas para fines propagandísticos.

—*«Yo, Yahvé, tu Dios, soy un Dios celoso, que castigo la iniquidad de los padres en los hijos hasta la tercera y cuarta generación de los que me odian...»* (Decálogo, Éxodo, 20.5).
Hay religiones cuyos seguidores no se toman demasiado en serio sus viejos textos sagrados. Pero la gente de religión hebrea, a lo largo de los siglos, ha sido educada en la creencia en un dios cruel, partidario de la venganza hereditaria, de la pena de muerte, de la ley del Talión, etcétera. ¿En qué medida la severidad de la Torá es parte de la cultura colectiva del pueblo judío?

—Ése es un asunto sobre el que no he profundizado. No tengo datos que me autoricen a expresar una opinión. El asunto excede la elementalidad de mis conocimientos en la materia.

—*Leo que en 1938, un mes después de la* Kristallnacht, *Ben Gurion declaró que preferiría que muriera la mitad de los niños judíos de Alemania, con tal de que la otra mitad lograra llegar a Palestina, antes de que el conjunto se salvara refugiándose en el Reino Unido. ¿Alguien así puede ser un «padre de la Patria»?*

—Tal vez la pregunta debiera ser formulada de otra manera. Así, por ejemplo: «¿Qué patria condenada para siempre al remordimiento iría a nacer de un padre tal?» No es la primera vez que mentes monstruosas se nos presentan, abusivamente, como excelsas figuras morales.

—*Por lo que tengo entendido, el «pueblo judío» —el que pretende haberse mantenido incólume a lo largo de siglos y más siglos de «exilio»— basa su identidad en dos factores: la línea hereditaria por vía materna y/o, alternativamente, la continuidad en la creencia mosaica. En tales condiciones, ¿cabe afirmar que antes del nacimiento de Israel existía, en términos objetivos, un «pueblo judío», o estamos en muy buena medida ante una entelequia ideológica?*

—Podría decirse más o menos lo mismo del llamado «pueblo cristiano»...

—*Los judíos han sido perseguidos sañudamente en circunstancias y lugares muy diversos a lo largo de la historia: expulsión de España en el reinado de los Reyes «Católicos», affaire Dreyfuss, pogromos en Rusia, el*

Holocausto nazi... ¿A qué atribuyes que las fuerzas más ultramontanas de países tan diferentes la hayan emprendido una y otra vez contra ellos?

—Tal vez porque los hubieran visto como rivales peligrosos...

—*Algunos analistas sostienen que, de manera aparentemente paradójica, las alas políticas del sionismo israelí están invertidas, dicho sea con respecto a lo que suele ser frecuente en otras latitudes: que su presunta ala izquierda, más culta y tolerante, representada por el laborismo, está vinculada a los sectores de extracción económica más pudiente, en tanto que su ala derecha, la más intransigente, cerril y feroz, de la que Sharon y los partidos religiosos se hacen portaestandartes, encuentra su base social en la inmigración más pobre. ¿Es así? ¿En qué medida? ¿Por qué?*

—El problema de la llamada ala izquierda israelí, si entiendo bien, está en su incapacidad para romper los lazos que umbilicalmente la unen a las fuerzas ideo-religiosas heredadas del pasado que la llamada ala derecha, privilegiadamente y sin complejos, representa. El ala izquierda política de Israel actúa bajo la constante vigilancia del ala derecha, por eso se limita, prácticamente, a *hacer gestos*.

—*Suele pretenderse que el Estado de Israel nació como fruto de una resolución de las Naciones Unidas. Sin embargo, la proclamación del Estado hebreo fue anterior al acuerdo de la ONU y sus dirigentes nunca se ajustaron a los términos fijados por el organismo internacional. Desde el principio se apoderaron de más territorio del que les había sido asignado, territorio que fueron ampliando más y más en aplicación del derecho de conquista, desalojando población árabe y apropiándose de sus pertenencias muebles e inmuebles. ¿Cree que habría base política y moral para plantear la anulación del acuerdo por el que se admitió la existencia de Israel?*

—Base política y moral suficiente supongo que la habría, pero plantear esta cuestión ahora significaría, y tal vez para siempre, tapar todos los caminos que podrán llevar un día a la solución del conflicto. Y las víctimas de esa obstrucción serían fatalmente los palestinos... Los Estados Unidos necesitan que Israel esté donde está porque Israel es su vanguardia de penetración en Oriente Próximo.

—Al comienzo del conflicto del canal de Suez, Israel hizo un primer juego de alianzas bélicas con Gran Bretaña y Francia, y fracasó, porque los EE.UU. no admitieron quedar al margen. Tras esa amarga experiencia, Tel Aviv reorientó su política de alianzas situándose incondicionalmente del lado de Washington, lo que le ha proporcionado excelentes resultados. Desde entonces, todo el mundo ha dado por hecho que Israel no es más que un ariete del Pentágono para el Cercano Oriente. El mayor portaaviones de la VI Flota en aquel extremo del Mediterráneo.
Pero, en las últimas semanas, hemos visto que Israel no siempre hace caso a EE.UU. Washington quería tranquilizar el conflicto palestino para seguir sus planes bélicos en Irak, y Sharon no le ha seguido el juego. Y el Pentágono tragó. Así las cosas, parece lícito preguntarse: ¿quién es el lacayo de quién? ¿Qué leyes rigen en la relación EE.UU.-Israel?

—Creo que en este caso nadie es lacayo de nadie. Washington hace un doble juego. Tenemos razones más que suficientes para pensar que las estrategias para el control de Oriente Próximo, a corto y a largo plazo, están siendo elaboradas en Washington y que Israel desempeña su papel en la «acción dramática» de acuerdo con ellas. Las escandalosas «desobediencias» de Israel son mero pro forma, pura apariencia, teatro. En cuanto a Irak, me parece dudoso que Estados Unidos pretenda realmente hacer esa guerra. Por lo menos en un futuro próximo.

—En 1948, la población árabe de Palestina no tenía la más mínima conciencia nacional palestina. Entre otras cosas, porque el concepto europeo de «nación» no tenía por entonces el menor encaje en la cultura árabe. Fue la agresión israelí la que desencadenó el nacionalismo árabe en Palestina, en Egipto, en Siria, en Irak, en Libia... ¿Cabría considerar que el nacionalismo árabe, e incluso los llamados integrismos y fundamentalismos surgidos en el mundo árabe y actualmente tan temidos en Occidente, no son, en último término, sino reacciones más o menos viscerales de respuesta o, dicho de otro modo, que el fanatismo árabe no es sino la inevitable negación provocada por el fanatismo occidental?

—Cualquier tipo de fundamentalismo, siempre excluyente por definición, provocará, por una especie de necesidad, la aparición de uno o más fundamentalismos de signo opuesto. En lo esencial, el protestantismo nació del fundamentalismo católico, y fue la tendencia del protestantismo hacia un fundamentalismo propio lo que llegó a provocar su pulverización en miríadas de organizaciones religiosas competidoras y rivales. Es que, al contrario de lo que realmente se piensa, es en las diferencias donde la Historia se repite, no en las semejanzas.

—Qué opinión te merece la idea del eje del mal tan manejada por el presidente norteamericano?

—Un puñado de polvo arrojado a los ojos que no ha convencido a nadie. Bush Jr. sufre, en exceso, de aquello que Eça de Queiroz llamó el «descarado valor de afirmar»...

—Dejando a un lado a los incondicionales del Estado de Israel, me gustaría conocer tu opinión sobre la actitud de los que sostienen que lo correcto es situarse en una posición «equidistante» entre las dos partes en conflicto.

—Pero es que esto no es un conflicto entre dos partes equiparables. No se trata del enfrentamiento entre dos Estados, cada uno con su ejército, sus fronteras... Aquí lo que tenemos es un Estado, dotado de un ejército poderosísimo, que se dedica a la conquista de un territorio que pertenece a otro pueblo, a la destrucción y la rapiña de sus pertenencias, a la humillación sistemática, a la reclusión en guetos o, alternativamente, a la expulsión de la gente de su tierra. Y por otro lado tenemos la Intifada, piedras, viejos kaláshnikov, suicidas que van a matar...

Ante una situación así, la neutralidad es imposible. Declararse «neutral», o «equidistante», ¿a qué equivale, en la práctica? A no intervenir, esto es, a permitir que Israel siga avanzando en su política de hechos consumados. Negarse a actuar en contra de Israel es, de hecho, apoyar a Israel.

—Ésa viene a ser la política de la Unión Europea, que hace continuos llamamientos a «ambas partes» para que «cesen los actos de violencia», como si la responsabilidad de lo que está sucediendo se repartiera a partes iguales entre israelíes y palestinos.

—Ah, sí: Europa, la cuna de la civilización, de las letras, del arte, y todo eso. Es lamentable cómo se está comportando. Es de una cobardía total, porque las autoridades europeas saben perfectamente lo que está sucediendo. Y no hacen nada. Asisten al desastre con los brazos cruzados. Se limitan a aprobar resoluciones sin ningún contenido concreto y a enviar de vez en cuando delegaciones protocolarias que Israel desprecia sin el menor disimulo.

La UE podría presionar muy eficazmente sobre Sharon, si quisiera, porque Europa es el principal punto de referencia de la economía de Israel. Pero no hace nada.

—El Holocausto se ha convertido en un factor de chantaje moral y político: se diría que quien critica lo que hace Israel se convierte ipso facto en cómplice del Holocausto.

—El Holocausto es, como decía antes, la gran y permanente autojustificación de los israelíes. Piensan que, por mucho mal que ellos puedan infligir ahora a quien sea, nunca será comparable con el que sufrieron ellos. En su conciencia patológica de pueblo escogido, creen que el horror que padecieron les exime de culpa alguna por los siglos de los siglos. No conceden a nadie el derecho a juzgarlos, porque ellos fueron torturados, gaseados e incinerados.

Además, y a la vez, quieren que todos nos sintamos corresponsables del Holocausto y que expiemos nuestra supuesta culpa aceptando sin rechistar cuanto hagan o dejen de hacer. Se han convertido en rentistas del Holocausto, pero lo cierto es que ni nosotros tenemos culpa alguna en aquella barbarie ni ellos pueden hablar en nombre de las víctimas que aquel horror generó. Es más: me pregunto, y es una pregunta retórica, porque tengo algunas respuestas concretas, qué pensarían quienes murieron en Auschwitz y en otros campos de concentración nazi, y las víctimas de los pogromos y de otras persecuciones históricas sufridas por el pueblo judío, si levantaran la cabeza y vieran lo que Israel está haciendo en su nombre. Estoy seguro de que muchos se cubrirían el rostro, avergonzados.

—Volvamos a la «equidistancia». Los que defienden esa posición alegan que, si bien es cierto que Israel está cometiendo muchos excesos que merecen condena, también lo es que la resistencia palestina perpetrá atentados abominables contra la población israelí.

—Jamás he mostrado la más mínima simpatía para con las sangrientas acciones que llevan a cabo, contra la población civil judía, los llamados «terroristas suicidas». Son horrendas. Y las condeno. Pero me llama la atención que las mismas personas que se escandalizan porque comparara los crímenes nazis con los crímenes israelíes, pretextando que «no hay proporción» —cuando lo que yo comparé no tenía nada que ver con proporciones—, pongan luego en el mismo nivel un cierto número de atentados cometidos por palestinos desesperados con la práctica sistemática de rapiña, destrucción y muerte llevada a cabo disciplinadamente desde 1948 por un Estado que cuenta con el ejército mejor pertrechado del mundo, excepción hecha del «amigo americano». ¿Esas dos realidades sí pueden ponerse en el mismo plano?

Los Gobiernos occidentales reservan la catalogación de terrorista para los actos de violencia indiscriminada realizados por activistas que no actúan encuadrados en una organización estatal, y se niegan a reconocer la existencia del terrorismo de Estado. Se aprovechan del hecho de que el terrorismo a secas no pretende esconderse —al contrario, se esfuerza al máximo para que la sociedad se entere de su existencia—, en tanto que el terrorismo de Estado hace todo lo posible por volverse «invisible», porque es tanto más eficaz cuanto más desapercibido pasa. Las manos sucias de los Estados gastan muchos guantes.

En todo caso, la llamada «comunidad internacional» y el propio Israel deberían empezar por preguntarse qué razones explican que haya en Palestina cada vez más personas dispuestas a convertirse en bombas e inmolarse por su pueblo.

—*«¿Para qué sirve la literatura?», se preguntó en voz alta Jean-Paul Sartre ya hace muchos años, a la vista de la ignominia, la injusticia y la explotación de que eran víctimas los desheredados de su tiempo. Dado que no puede decirse que el panorama mundial haya mejorado demasiado desde entonces, cabe volver a plantear la pregunta: ¿qué poder tiene la literatura frente a todo esto?*

—¿Por sí misma? Ninguno. Jamás los escritores cambiaremos el mundo. El arte y la literatura carecen de poder frente a los ejércitos. Otra cosa es que el artista, o el escritor, en tanto que ciudadano, intervenga para dejar constancia pública de su protesta, y que sus palabras puedan tener uno u otro eco moral.

Todos los ciudadanos, escritores o no, tenemos no sólo el deber de decir, sino también el de hacer. Y no sólo de cara a nuestro propio país. También de cara al mundo.

—¿*Hay razones para el optimismo?*

—Me temo que no. Lo que está en juego va más allá de la necesidad de una pacificación del conflicto. El Oriente Próximo es un campo de batalla no sólo político y religioso; también económico y estratégico. Para quienes manejan el conflicto desde las bambalinas, los muertos cuentan poco. Y la razón aún menos. Mientras los obstáculos que encuentren en su avance sean tan débiles, seguirán la marcha.

—¿*A qué cabe aspirar?*

—A corto plazo, el objetivo deseable y posible es que los palestinos vean reconocido su derecho a tener un Estado digno de ese nombre, con fronteras seguras y claramente definidas. Definidas por los dos lados.

A más largo término, aspiro a que las dos comunidades vivan juntas y en paz. Quizá algún día, en el futuro, evocando todos los muertos del presente, recordándolos y llorándolos, palestinos y judíos sean capaces de establecer una relación que merezca llamarse fraternal.

¡Todavía no nos han privado del derecho a soñar!

Traducción de las respuestas de Saramago
en portugués: Juana María Inarejos.

«EE.UU. permitió una resolución
de la ONU que hablaba de una "visión"
de un Estado palestino»

Noam Chomsky

Hace un año, Baruch Kimmerling, sociólogo de la Universidad Hebrea de Jerusalén, observaba que «nuestros temores se han hecho realidad». Judíos y palestinos «han dado un paso atrás hacia un tribalismo supersticioso. La guerra aparece como destino inevitable». Una guerra «colonial y llena de maldad». Después de la invasión por parte israelí de los campamentos de refugiados, su colega Ze'ev Sternhell escribía que «en el Israel colonial [...] la vida humana vale muy poco». Los líderes «ya no se avergüenzan a la hora de hablar de la guerra, porque realmente lo que ocurre es que están inmersos en una política colonial que nos recuerda a la época en que la policía blanca tomaba las barriadas pobres de negros en Suráfrica durante la época del *apartheid*». Ambos señalaban algo que es obvio: en esta vuelta al tribalismo, no existe simetría de ningún tipo entre los «grupos étnico-nacionales». En el centro del conflicto están unos territorios que durante 35 años han sufrido una ocupación durísima. El conquistador es una potencia militar importante que actúa con el apoyo militar, económico y diplomático absoluto del único superpoder global. Quienes sufren la ocupación están solos y no pueden defenderse; la mayoría apenas sobrevive en campamentos miserables y en la actualidad es víctima de un terrorismo aún más brutal, un terrorismo que ya conocemos por otras «malvadas guerras coloniales»; sujetos que ahora ejecutan sus propias y terribles atrocidades como venganza...

El proceso de Oslo

El «proceso de paz» de Oslo cambió la modalidad de la ocupación, pero no transformó su concepción básica. Poco antes de unirse al gobierno de Ehud Barak, el historiador Shlomo Ben Ami escribía que «los acuerdos de Oslo se fundamentaron sobre una base neo-colonial, sobre una vida en la que uno habría de depender del otro para siempre». Muy pronto, Ben Ami se convirtió en el arquitecto de las propuestas norteamericano-israelíes de Camp David en el verano de 2000, propuestas que respondían al mencionado principio y que fueron muy alabadas en los medios norteamericanos. La culpa la tuvieron los palestinos y su malvado líder, por haber fracasado y por la violencia que siguió. Pero, tal y como afirmaba Kimmerling junto con otros respetados comentaristas, esta postura no es sino un «fraude». Cierto: Clinton y Barak dieron algunos pasos en la dirección de un arreglo al estilo bantustán. Justo antes de Camp David, los palestinos de Cisjordania habían quedado confinados en 200 zonas repartidas discontinuamente, y tanto Clinton como Barak ofrecieron una mejora de la situación: consolidar las zonas en tres cantones bajo control israelí, virtualmente separados entre sí (y a su vez separados del cuarto enclave, una pequeña zona de Jerusalén Este centro de la vida palestina y centro de comunicaciones en la región). En Gaza, el quinto cantón, el resultado no se veía tan claro; salvo el hecho de que la población permanecería virtualmente encarcelada. Es comprensible que no encontremos ningún mapa en los medios de comunicación de EE.UU., ni tampoco detalles de las propuestas.

Nadie puede albergarse ninguna duda de que el papel de EE.UU. seguirá siendo decisivo. Es, por tanto, de crucial importancia entender cuál es el papel que ha venido jugando EE.UU. y cómo se percibe internamente. La versión que nos ofrecen las «palomas» nos la presentaban los editores de *The New York Times* el pasado 7 de abril al alabar el «novedoso discurso» del presidente y la «visión emergente» por él articulada. Un discurso cuyo primer elemento era el de «acabar con el terrorismo palestino» de manera inmediata. Algo después se habla de «congelar y posteriormente desmantelar los asentamientos judíos y negociar nuevas fronteras» para poner fin a la ocupación y permitir el establecimiento de un Estado palestino. Si se pone fin al terrorismo palestino, se animará a Israel a que «se tome más en serio la histórica oferta hecha por la Liga Árabe para una paz y reconocimiento totales a cambio de una retirada israelí completa». Pero antes, los líderes palestinos deben demostrar que son unos «socios legítimos en la esfera diplomática».

El mundo real se parece muy poco a este autocomplaciente panorama, virtualmente copiado de los ochenta, cuando tanto EE.UU. como Israel buscaban desesperadamente el modo de eludir las ofertas para negociar y alcanzar un acuerdo político que les lanzaba la OLP, al tiempo que se intentaba mantener la exigencia de que no habría negociaciones con la OLP, que no habría «otro Estado palestino» (teniendo en cuenta que Jordania ya era ese Estado palestino), y que «no habría ningún cambio en el *status* de Judea, Samaria, y Gaza más allá de las disposiciones básicas del Gobierno israelí» (según el plan de la coalición Peres-Shamir de mayo de 1989 que recibió el apoyo de Bush I a través del Plan Baker de diciembre de 1989). La prensa norteamericana, como siempre había hecho con anterioridad, no publicó nada de lo anterior, al tiempo que la opinión generalizada denunciaba a los palestinos por su firme compromiso con el terrorismo y la amenaza que suponía frente a los humanitarios esfuerzos de EE.UU. y sus aliados.

En el mundo real, la principal barrera que impide que esa visión «emerja» ha sido y sigue siendo la postura de rechazo constante de parte de EE.UU. No hay nada nuevo en esa «oferta histórica de la Liga Árabe». Es una oferta que repite los términos esenciales contenidos en la resolución de enero de 1976 del Consejo de Seguridad de NN.UU. y que recibió el apoyo de prácticamente todo el mundo, incluyendo a los Estados árabes más importantes, la OLP, Europa, el bloque soviético..., de hecho, todos los importantes. La resolución pedía un acuerdo político con el establecimiento de fronteras internacionalmente reconocidas «y con los arreglos necesarios [...] para garantizar [...] la soberanía, integridad territorial e independencia política de todos los Estados de la zona, así como su derecho a vivir en paz dentro de fronteras seguras y reconocidas». Se trataba, de hecho, de una modificación de la resolución 242 de NN.UU. (como era oficialmente interpretada incluso por EE.UU.), ampliada hasta el punto de incluir un Estado palestino. Desde entonces, EE.UU. ha bloqueado iniciativas similares procedentes de los Estados árabes, la OLP y Europa, y ha suprimido o negado casi en su totalidad la discusión pública de dichas iniciativas.

La postura norteamericana de rechazo se remonta a cinco años antes, cuando en febrero de 1971 el presidente egipcio Sadat ofreció a Israel un tratado de paz total a cambio de una retirada completa israelí de territorio egipcio, sin que se hiciera mención de los derechos nacionales palestinos ni del destino de los Territorios Ocupados. El gobierno laborista reconoció en esta propuesta una oferta de paz sincera, pero la rechazó con la intención de extender sus asentamientos en el noreste del Sinaí. El inicio de la expansión, que adoptó una brutalidad extrema, fue la principal causa que condujo a la guerra de 1973. Israel y EE.UU. comprendían que era posible alcanzar la paz según la política oficial norteamericana. Pero tal y como explicó Ezer Weizmann, líder del Partido Laborista y más tarde presidente de Israel, el resultado no habría permitido a Israel «existir con el espíritu y las cualidades que ahora posee». Amos Elon, un ensayista israelí, escribió entonces que Sadat había causado el «pánico» entre los líderes políticos de Israel al anunciar su disposición a «firmar la paz con Israel, respetar su independencia y soberanía dentro de unas fronteras seguras y reconocidas».

Kissinger bloqueó con éxito la iniciativa de paz y logró instituir su preferencia por una situación de «ahogar al adversario»: nada de negociaciones; solamente la fuerza. Igualmente se rechazaron las ofertas de paz jordanas. Desde entonces, la política oficial norteamericana ha cumplido con el consenso internacional sobre la retirada israelí hasta la era Clinton, que en la práctica anuló las resoluciones de NN.UU. y las estipulaciones del derecho internacional. Pero en la práctica, la política norteamericana ha seguido la línea marcada por Kissinger: aceptar las negociaciones solamente cuando no quedase más remedio (como le ocurrió a Kissinger tras la cuasi-debacle de la guerra de 1973 de la que él fue en gran parte responsable), y en las condiciones articuladas por Ben Ami.

Los planes para los palestinos seguían las directrices marcadas por Moshe Dayan, uno de los líderes laboristas que más compasivos se mostraba con la situación palestina. Dayan aconsejó al gabinete de Gobierno que Israel debería dejar muy claro a los refugiados lo siguiente: «nosotros no tenemos ninguna solución; seguiréis viviendo como perros... El que quiera puede marcharse, y ya veremos adónde conduce este proceso». Retado, Dayan respondió citando a Ben Gurion, que «dijo que quien enfoque el problema sionista desde postulados morales no es sionista». Podría haber citado también a Chaim Weizmann, que consideraba que el destino de los «varios cientos de miles de negratas» que habitaban en el hogar nacional judío era «un problema sin importancia».

No sorprende, entonces, que el principio que ha guiado la ocupación haya sido el de la humillación incesante y degradante, junto con la práctica de la tortura, el terrorismo, la destrucción de la propiedad, la expulsión y los asentamientos, y la apropiación de recursos esenciales, principalmente el agua. Todo ello ha necesitado, evidentemente, del firme apoyo estadounidense hasta la era Clinton-Barak incluida. «El gobierno de Barak ha dejado al ejecutivo de Sharon un legado sorprendente», afirmaba la prensa israelí en el momento de la transición: «la cifra más elevada de proyectos de construcción en los territorios desde que Ariel Sharon ocupara el cargo de ministro de la Construcción y Asentamientos en 1992, antes de los acuerdos de Oslo». La financiación corría a cargo de los contribuyentes norteamericanos, engañados por cuentos fantásticos sobre las «visiones» y la «magnanimidad» de los líderes norteamericanos, frustrados por terroristas como Arafat que han perdido «nuestra confianza» y quizá por algún que otro extremista israelí que ha reaccionado con algún exceso a los crímenes de los primeros.

«Su futuro y su destino, en manos de EE.UU.»

Edward Walker, responsable para la región designado por el Departamento de Estado durante la era Clinton, nos explica sucintamente cómo debe actuar Arafat para ganarse de nuevo nuestra confianza. El taimado Arafat debe anunciar sin ningún tipo de ambigüedad que pondrá «su futuro y su destino en manos de EE.UU.», país que ha liderado la campaña para socavar los derechos palestinos durante más de 30 años. Otros comentaristas más serios reconocen que la «histórica oferta» no ha venido sino a retomar el Plan Fahd saudí de 1981, plan que, según se decía insistentemente entonces, fue socavado por la negativa árabe a aceptar a Israel. Pero los hechos son, una vez más, bastante diferentes. El plan de 1981 se vino abajo por la reacción israelí, que llegó a ser incluso condenada en los principales medios de comunicación del país y calificada de «histérica». Simon Peres avisó que el plan Fahd «amenazaba la propia existencia de Israel». El presidente Haim Herzog señalaba acusadoramente a la OLP como la «autora real» del Plan Fahd, denunciando la iniciativa como más extremista aún que la resolución de enero de 1976 del Consejo de Seguridad que había sido «preparada» por la OLP cuando el propio Herzog era Embajador de Israel ante NN.UU. Ninguna de estas alegaciones puede ser cierta (a pesar de que la OLP anunció públicamente su apoyo a ambas iniciativas), pero son indicativas del desesperado temor que albergan las palomas israelíes ante un acuerdo político, eso sí, con el decisivo e incesante apoyo de EE.UU.

El principal problema nos lleva nuevamente a Washington, que de manera persistente ha apoyado el rechazo israelí a cualquier acuerdo político sobre las bases de un amplio consenso internacional, que una vez más quedó puesto de manifiesto en la «histórica oferta de la Liga Árabe»:

El terrorismo israelí promocionado por EE.UU.

Las modificaciones que actualmente se producen en la postura de rechazo de EE.UU. son de carácter táctico y menor. Una vez puestos en peligro sus planes para atacar Irak, EE.UU. permitió que NN.UU. aprobase una resolución exigiendo la retirada israelí de los territorios que había invadido «sin retraso», es decir, «lo antes posible», como explicó a renglón seguido el actual secretario de Estado Colin Powell. El terrorismo palestino tiene que acabarse «de manera inmediata», pero el terrorismo israelí, muchísimo más extremo y que dura ya 35 años, puede tomarse su tiempo. Israel intensificó su ofensiva y Powell dijo que «se alegraba de que el primer ministro diga que está acelerando las operaciones». Se sospecha que el retraso de Powell a la hora de llegar a Israel se deba a que de ese modo las operaciones podrían «acelerarse» aún más. Por razones tácticas, la postura de EE.UU. podría volver a cambiar.

EE.UU. permitió también una resolución de NN.UU. en la que se hablaba de una «visión» de un Estado palestino. Este gesto de bienvenida, que fue muy bien acogido, ni siquiera le llega a la altura a la Sudáfrica de hace 40 años, cuando el régimen del *apartheid* puso en práctica su «visión» de Estados gobernados por negros que eran, como mínimo, tan legítimos y viables como la dependencia neocolonial que EE.UU. e Israel han venido planeando para los Territorios Ocupados.

Entretanto, EE.UU. sigue «promocionando el terror», por retomar las palabras del presidente, proporcionando a Israel los medios para proseguir con el terror y la destrucción, incluido un nuevo cargamento de helicópteros recién sacados del arsenal de EE.UU., según informaba Robert Fisk en *The Independent* el 7 de abril. Es una reacción normal ante las atrocidades perpetradas por un régimen clientelar. Por citar tan sólo un ejemplo, en los primeros días de la actual Intifada, Israel utilizó helicópteros estadounidenses para atacar objetivos civiles, asesinando a 10 palestinos e hiriendo a 35, acción que es difícil calificar de «autodefensa». Clinton respondió con un acuerdo para la «mayor compra de helicópteros militares por parte del Ejército israelí en esta década» (*Ha'aretz*, 3 de octubre de 2001), junto con la compra de componentes de helicópteros Apache. La prensa ayudó al negarse a informar sobre estas cuestiones. Algunas semanas más tarde, Israel empezó a utilizar estos helicópteros en los asesinatos selectivos. Una de las primeras medidas adoptadas por la Administración Bush fue enviar helicópteros Apache Longbow, los más mortíferos que existen. Medidas que recibieron algunas líneas de atención marginales en las noticias de la sección de economía.

El compromiso de Washington con la «promoción del terror» quedó ilustrado nuevamente en septiembre, cuando vetó una resolución del Consejo de Seguridad que exigía la puesta en práctica del Plan Mitchell y el envío de observadores internacionales que certificasen la reducción de la violencia (reconocido por consenso general como el medio más eficaz, con la oposición de Israel y el bloqueo regular de Washington). El veto se produjo en un periodo de calma que había durado 21 días, claro que fue un periodo de calma en el que solamente fue asesinado un soldado israelí... junto con 21 palestinos, incluyendo 11 menores, y en el que se produjeron 16 incursiones israelíes en áreas bajo control palestino (Graham Usher, *Middle East International*, 25 de enero de 2002). Diez días antes, EE.UU. boicoteó (y por tanto hizo fracasar) una conferencia internacional en Ginebra que nuevamente concluyó que la Cuarta Convención de Ginebra es aplicable en los Territorios Ocupados. De manera que prácticamente todas las acciones de EE.UU. e Israel en los mismos constituyen una «violación grave» de la convención; en términos más simples, hablamos de «crímenes de guerra». La conferencia declaró, de manera específica, que los asentamientos israelíes financiados por EE.UU. son ilegales, y condenó la práctica de los «asesinatos, torturas, deportaciones ilegales, privación de derechos elementales y del derecho a juicio, la destrucción masiva y robo de propiedades... que se llevan a cabo de manera ilegal y desenfrenada». Como país firmante de la convención, EE.UU. tiene la obligación en virtud de su compromiso solemne de perseguir a los responsables de estos crímenes, incluyendo a sus propios líderes. Pero de todo esto no se dice nada.

Oficialmente, EE.UU. no ha retirado su reconocimiento sobre la aplicabilidad de las Convenciones de Ginebra en los Territorios Ocupados, ni tampoco ha dejado de referirse a las violaciones israelíes como las de un «poder ocupante» (tal y como, por ejemplo, afirmó George Bush I cuando era embajador ante NN.UU.). En octubre de 2000, el Consejo de Seguridad de NN.UU. reafirmó el consenso existente sobre la cuestión, «exigiendo a Israel, como potencia ocupante, que cumpla escrupulosamente con sus obligaciones legales según lo dispuesto en la Cuarta Convención de Ginebra». La resolución fue aprobada por 14 votos a 0. Clinton se abstuvo, supuestamente porque no quería vetar uno de los principios básicos del derecho humanitario internacional, especialmente si se tienen en cuenta las circunstancias en que se aprobaron: el objetivo era tratar como crímenes en el sentido formal del término las atrocidades perpetradas por los nazis. Pero todo esto se fue, una vez más, por el sumidero de la amnesia... una contribución más a la «promoción del terror».

Hasta que no se puedan discutir todas estas cuestiones y se comprendan las implicaciones de las mismas, no tiene ningún sentido pedir que «EE.UU. se comprometa con el proceso de paz», y las perspectivas de que puedan adoptarse acciones constructivas seguirán siendo bastante negras.

© *Red Pepper*, mayo de 2002. Traducción: CSCAweb

EE.UU. e Israel:
los cómplices del crimen

James Petras

I

ISRAEL Y ESTADOS UNIDOS, UNA RELACIÓN ÚNICA

Las relaciones entre EE.UU. e Israel han sido descritas de distintas maneras. Los políticos se refieren a Israel como el mejor aliado de EE.UU. en Oriente Próximo, sino en el mundo. Otros lo consideran un aliado estratégico. Algunos piensan que Israel y EE.UU. comparten valores democráticos comunes en la guerra contra el terrorismo. Dentro de la izquierda, los críticos consideran a Israel una herramienta del imperialismo norteamericano para minar el nacionalismo árabe, un baluarte contra el terrorismo fundamentalista islámico. Unos pocos escritores señalan el «exceso de influencia» que el Gobierno israelí ejerce en la política del Gobierno norteamericano a través de los poderosos *lobbies* y personalidades judíos en los círculos mediáticos, financieros y políticos.

Aun cuando haya algo de verdad en lo anterior, existe un aspecto único en esta relación entre una potencia imperial como EE.UU. y una potencia regional como Israel. A diferencia de la relación de Washington con la Unión Europea (UE), Japón y Oceanía, Israel es quien presiona y obtiene vastas transferencias de recursos financieros (2,8 mil millones de dólares al año; 84 mil millones en 30 años). Israel obtiene transferencias de los más modernos armamentos y tecnologías, acceso sin restricciones a los mercados de EE.UU., libre acceso de emigrantes, el compromiso de apoyo incondicional de EE.UU. en caso de guerra y represión del pueblo palestino colonizado, y la garantía del voto de EE.UU. en contra de cualquier resolución de Naciones Unidas.

Desde el punto de vista de las relaciones entre Estados, la potencia menor regional es la que arranca un tributo al Imperio, un resultado aparentemente único o paradójico. La explicación de esta paradoja se encuentra en el poderoso e influyente papel de los judíos proisraelíes en sectores estratégicos de la economía norteamericana, partidos políticos, el Congreso y el Poder Ejecutivo. El equivalente más próximo con imperios del pasado es el de los influyentes colonizadores blancos de las colonias, que por medio de sus vínculos en el extranjero fueron capaces de obtener subsidios y relaciones comerciales especiales.

Los «colonos» israelíes en EE.UU. han invertido y donado miles de millones de dólares a Israel, en algunos casos desviando fondos de las cuotas de los sindicatos de trabajadores con bajos sueldos para comprar bonos israelíes empleados para financiar nuevos asentamientos coloniales en los Territorios Ocupados. En otros casos, el Estado de Israel ha protegido a judíos fugitivos de la justicia norteamericana, especialmente a riquísimos estafadores como Mark Rich, e incluso a gángsteres y asesinos. Las ocasionales demandas oficiales de extradición por parte de la justicia norteamericana han sido deliberadamente menospreciadas.

El imperio colonizado se ha desvivido por ocultar su sumisión ciega a su supuesto aliado, pero poder hegemónico de hecho.

La relación entre EE.UU. e Israel es la primera de la Historia contemporánea en la que el país imperial encubre un importante ataque militar deliberado de un supuesto aliado. En 1967 el *U.S. Liberty*, un barco de comunicaciones y de reconocimiento, fue bombardeado y destruido durante casi una hora por aviones de combate israelíes en aguas internacionales, lo que provocó cientos de muertos y heridos entre los marineros y oficiales[1]. Mensajes por radio israelíes interceptados, así como el hecho de que se mostrara muy claramente la bandera norteamericana, demuestran que fue un acto deliberado de agresión. Washington actuó como habría actuado cualquier dirigente del Tercer Mundo ante un embarazoso ataque a su hegemonía: silenció a sus oficiales de marina que habían sido testigos del ataque y aceptó discretamente una compensación y una disculpa formal. Aparte del hecho de que esto fuera una acción sin precedentes en las

---

[1] J. BAMFORD, *Body of secrets*, New York, *Doubleday*, 2001, pp. 187-239.

relaciones militares y diplomáticas de EE.UU. con cualquier aliado, no se conoce ningún caso de un país imperial que encubra un ataque de un aliado regional. Muy al contrario, a circunstancias similares han seguido respuestas diplomáticas y militares belicosas.

En ningún caso se puede explicar esta aparente anomalía por la debilidad militar o la ineficacia diplomática: el armamento de Washington es claramente superior y sus diplomáticos son capaces de elevar una enérgica protesta ante aliados o adversarios cuando existe voluntad política. El *lobby* judío-norteamericano, los congresistas, los medios y los magnates de Wall Street estratégicamente situados en el sistema político económico de EE.UU., garantizaron que el presidente Johnson actuara dócilmente[2]. Ni fueron necesarias presiones directas porque un liderazgo político hegemónico actúa, aparentemente, según sus propias creencias una vez aprendidas las reglas del juego político. La relación entre EE.UU. e Israel es una relación única, que ni siquiera un ataque militar no provocado puede poner en cuestión. Como todos los poderes hegemónicos, Washington amenazó a los testigos de la marina norteamericana con un juicio militar si hablaban mientras que mimaban a sus agresores en Tel Aviv.

Otro ejemplo de la asimétrica relación se encuentra en uno de los principales casos de espionaje durante la Guerra Fría que implicó a un agente israelí, Jonathan Pollard, y al Pentágono. Pollard robó y copió durante varios años bolsas llenas de documentos reservados sobre el servicio de inteligencia norteamericano, la contrainteligencia, planes estratégicos y armamento militar, y los puso en manos israelíes. Fue el caso de espionaje más importante llevado a cabo contra EE.UU. por cualquier aliado en la Historia reciente. Pollard y su mujer fueron declarados culpables. El Gobierno norteamericano protestó en privado al israelí. Los israelíes, por su parte, organizaron por medio de sus aliados judío-norteamericanos un *lobby* para hacer propaganda a su favor. Finalmente, todos los principales dirigentes israelíes e integrantes de los *lobbies* judío-norteamericanos hicieron campaña a favor de su amnistía y estuvieron a punto de lograrla con el presidente Clinton.

---

[2] Muchos judíos no están de acuerdo con aspectos particulares de la política israelí y no aprueban el incondicional apoyo del *lobby* judío-norteamericano a Israel. Pero sus voces no se escuchan y en la mayoría de los casos tienen escasa o nula influencia en la política, los medios y la economía.

La desigual relación se hace claramente patente en el caso de un importante fugitivo de la justicia, Mark Rich. Financiero y comerciante, el tribunal federal norteamericano lo condenó por diversos casos de clientes estafados y timados. Huyó a Suiza y posteriormente obtuvo el pasaporte y la ciudadanía israelí al invertir fuertes cantidades de su mal adquirida fortuna en industrias y obras benéficas israelíes. A pesar de la gravedad de su delito, Rich se codeó con los principales líderes en Israel y con su elite económica. En el año 2000 el primer ministro israelí y numerosas personalidades judías pro-israelíes, incluyendo a la ex esposa de Rich, convencieron a Clinton de que lo amnistiara. Mientras se alzaban protestas por la relación entre la amnistía de Rich y la contribución de más de 100.000 dólares realizada por su esposa al Partido Demócrata, la subyacente relación de subordinación a la influencia israelí y al poder del *lobby* israelí en EE.UU. se hacía claramente más evidente. Vale la pena señalar que es extraordinariamente poco frecuente que un presidente de EE.UU. consulte a un gobernante extranjero (como hizo Clinton con Barak) en relación a un estafador convicto. No tiene precedentes el perdonar a un acusado fugitivo de la justicia y que nunca cumplió condena.

El poder de Israel se manifiesta en los numerosos peregrinajes anuales que influyentes políticos norteamericanos hacen a Israel para declarar su lealtad al Estado israelí, incluso durante periodos de represión intensiva de los rebeldes. Por el contrario, los sátrapas norteamericanos del mini-imperio israelí aplaudieron la invasión del Líbano por parte del Estado judío, su sangrienta represión de la primera y segunda Intifada y se opusieron a cualquier mediación internacional para prevenir más masacres israelíes, sacrificando así cualquier credibilidad en la ONU.

En las votaciones en la ONU, incluso en el Consejo de Seguridad, a pesar de la abrumadora evidencia de violaciones de los derechos humanos presentada por los aliados de la UE, Washington ha trabajado duro al servicio de su hegemonía. Sacrificando su credibilidad internacional y distanciándose deliberadamente de otras 150 naciones, Washington calificó las críticas al racismo israelí de antisemitismo. Esto no constituye el punto culminante del servilismo de Washington ante Israel.

El caso más reciente y quizá más importante del servilismo de Washington sucedió en los meses anteriores y posteriores al ataque del 11 de septiembre al World Trade Center y al Pentágono. El 12 de diciembre de 2001, los informativos de la Fox supieron por fuentes del servicio de Inteligencia de EE.UU. e investigadores federales que desde el 11 de septiembre habían sido detenidos 60 israelíes implicados en una campaña mantenida durante largo tiempo para espiar a funcionarios del Gobierno norteamericano. Muchos de estos detenidos son agentes israelíes activos, militares o de Inteligencia. Fueron arrestados según la Ley Patriótica antiterrorista. Muchos fueron descubiertos en el detector de mentiras al responder a preguntas relativas a actividades de vigilancia contra y en EE.UU. Aún más grave: investigadores federales creen con razón que los agentes israelíes habían recopilado previamente informaciones acerca de los atentados del 11 de septiembre y que no informaron a su aliado de Washington. El grado de implicación de Israel en los hechos del 11 de septiembre es un secreto celosamente guardado. Un importante investigador federal dijo a los informativos de la Fox que existen «conexiones». Cuando se le pidió que diera detalles, el investigador federal se negó: «Las pruebas que vinculan a estos israelíes con el 11 de septiembre están clasificadas. No puedo hablarles de las pruebas que se han reunido. Es información clasificada».

Nada como este caso de espionaje israelí ejemplifica el poder que Israel tiene sobre Washington. Incluso en el caso del peor bombardeo en la historia de EE.UU. Washington suprime pruebas reunidas federalmente que vinculan a conocidos espías israelíes con posibles pruebas de un conocimiento previo. Es evidente que estas pruebas pueden plantear preguntas acerca de los vínculos y lazos entre elites políticas y económicas así como minar las relaciones estratégicas en Oriente Próximo. Lo que es más importante: puede enfrentar a la Administración Bush con el *lobby* judío norteamericano y su poderosa red formal e informal en los medios, las finanzas y el Gobierno. Los informativos de la Fox obtuvieron numerosos documentos clasificados de investigadores federales, probablemente frustrados por el encubrimiento del espionaje israelí por parte de dirigentes políticos en Washington. Estos documentos revelan que incluso antes del 11 de septiembre, al menos otros 140 israelíes habían sido detenidos o arrestados en una investigación secreta sobre el espionaje israelí, a gran escala y durante muchos años, en EE.UU. Ninguno de los principales medios escritos o electrónicos informó de estas detenciones. Ni el presidente ni ninguna de las principales figuras del Congreso hablarón acerca de los continuos y persistentes esfuerzos de Israel por obtener datos militares y de inteligencia claves de EE.UU.

Los documentos clasificados detallan «cientos de incidentes en ciudades y pueblos por todo el país», que los investigadores aseguran que pueden ser una creciente actividad de la Inteligencia israelí organizada. Según los documentos federales citados por los informativos de la Fox, los agentes israelíes seleccionaron y penetraron en bases militares, en la DEA [Agencia contra la droga], en el FBI y en docenas de centros gubernamentales e incluso en oficinas secretas y domicilios particulares (no incluidos en ninguna guía) de personal de los departamentos de Justicia e Inteligencia. El documento de la *General Accounting Office* (Oficina General de Cuentas) –una sección de investigación del Congreso norteamericano– se refiere a Israel como «País A» y afirma que «el Gobierno del País A lleva a cabo la más agresiva operación de espionaje contra EE.UU. de todos los países aliados de EE.UU.». Un informe de la Inteligencia de Defensa afirma que Israel tiene un «voraz apetito de información... Recopila agresivamente tecnología militar e industrial, y EE.UU. es su principal prioridad».

El informe de los noticiarios de la Fox, escrito por Carl Cameron, apareció en Internet un día (el 12 de diciembre de 2001) y luego desapareció; no hubo continuación. Ninguno de los demás medios aprovechó este importante informe sobre espionaje. Es indudable que la poderosa influencia proisraelí sobre los medios tuvo que ver con ello. Más significativamente que la «presión» directa, la hegemonía israelí «persuade», «intimida» a los medios y a los dirigentes políticos para que actúen con la mayor discreción restringiendo la información sobre apropiación israelí de información estratégica.

Mientras que la red de agentes israelíes a veces es objeto de arrestos, interrogatorios y expulsiones, el Estado israelí y sus ministros en activo nunca son condenados públicamente, ni hay nunca respuesta oficial alguna como la simbólica retirada temporal del embajador norteamericano.

El paralelismo más cercano con el comportamiento estadounidense respecto a los espías israelíes es la respuesta de los países pobres y dependientes del Tercer Mundo ante casos de espionaje norteamericano. En este contexto, los dóciles gobernantes piden discretamente al embajador que refrene a algunos de los más agresivos agentes.

Una pregunta no respondida: el 11 de septiembre y los israelíes

Después del 11 de septiembre, por todo el Oriente árabe circularon rumores de que el bombardeo había sido una conspiración israelí para incitar a Washington a atacar a sus adversarios árabe-musulmanes. Estas noticias y sus autores sólo proporcionaron pruebas circunstanciales, a saber, que la campaña antiterrorista de Bush legitimaba la represión «antiterrorista» de los palestinos por parte de Sharon. Las noticias que implicaban a Israel fueron completamente descartadas por todos los medios y dirigentes políticos adeptos. Los investigadores federales norteamericanos revelan ahora que Israel pudo haber tenido noticias del ataque antes de que éste ocurriera y no informó de ello.

Esto plantea la cuestión de la relación entre los terroristas árabes y los servicios de información israelíes. ¿Penetraron los israelíes en el grupo u obtuvieron información acerca de ellos? La información confidencial de los investigadores federales podría posiblemente clarificar estas vitales cuestiones. Pero, ¿se hará alguna vez pública esta información confidencial? Lo más probable es que no, por la sencilla razón de que pondría de manifiesto, por medio de esos agentes secretos, la influencia israelí en EE.UU. y, más importante, de sus poderosos *lobbies* en el extranjero y de sus aliados en el Gobierno y las finanzas. La ausencia de cualquier declaración pública concerniente al posible conocimiento israelí de los hechos del 11 de septiembre es muestra de la vasta, omnipresente y agresiva naturaleza de sus poderosos defensores en la diáspora. Dada la enorme importancia económica y política que los medios han otorgado al 11 de septiembre, y los aplastantes poderes, fondos e instituciones creados en torno a la cuestión de la seguridad nacional, es sorprendente que no se haya mencionado a las redes de espionaje israelí que operan en las más delicadas esferas del antiterrorismo norteamericano.

Por supuesto, esto no es sorprendente si comprendemos correctamente la «relación única» entre el Imperio norteamericano e Israel, una potencia regional.

Cuestiones teóricas

La relación entre EE.UU., una potencia global imperial, e Israel, una potencia regional, nos proporciona un modelo único de relaciones interestatales. En este caso, la potencia regional arranca un tributo (2,8 mil millones de dólares en contribuciones directas del Congreso norteamericano), libre acceso a los mercados norteamericanos, protección en el extranjero a delincuentes judíos ante procesos judiciales o posible extradición a EE.UU. mientras estén implicados en espionaje persistente y blanqueo de dinero. Además, Israel establece límites a la política de EE.UU. en Oriente Próximo en foros internacionales. La hegemónica posición israelí ha perdurado, tanto bajo la Presidencia republicana como bajo la demócrata, durante casi medio siglo. En otras palabras, es una relación historicamente estructural, que no se basa ni en personalidades ni en configuraciones transitorias de política de partido.

Diversas hipótesis emergen del estudio de esta relación única.

La primera proviene del hecho de que el Estado territorial israelí tiene poco poder de persuasión, alcance económico o influencia militar, en comparación con las principales potencias (Europa y EE.UU.). El poder de Israel se basa en la diáspora, las muy bien estructuradas y política y económicamente poderosas redes judías que tiene acceso directo e indirecto a centros de poder y de propaganda en el más poderoso país imperial del mundo. El tributo es extraído por medio de la influencia de esos «colonialistas internos» que operan en el nivel de los fabricantes de opinión en los medios y a través del Congreso y la Presidencia. Cerca del 50 por 100 de los fondos del Partido Demócrata procede de judíos proisraelíes. Por cada dólar gastado por las redes judías influir sobre el voto, el Estado de Israel recibe 50 en ayudas para financiar la construcción y el armamento de los asentamientos coloniales en los Territorios Ocupados, incluyendo piscinas, jardineros rumanos y doncellas filipinas.

Por medio de las redes en el extranjero, el Estado israelí puede intervenir directamente y establecer los parámetros de la ayuda exterior norteamericana en Oriente Próximo.

Las redes en el extranjero desempeñan un papel principal en perfilar el debate interno sobre la política norteamericana respecto a Israel. La propaganda que asocia la represión israelí de los palestinos a una respuesta justificada de las víctimas del Holocausto ha sido repetida y divulgada por todos los medios. Desde las cumbres de los medios a las salas de juntas de los abogados y las salas de espera de los médicos, los que apoyan la red tildan agresivamente de antisemita cualquier voz crítica. Por medio de la intimidación a nivel local y de maliciosas intromisiones en las distintas profesiones, los fanáticos defienden la política israelí y a sus dirigentes, aportan dinero, organizan a los votantes y se infiltran en los despachos. Una vez ahí, sintonizan con las necesidades de la política israelí.

El fenómeno de expatriados extranjeros que tratan de influir en una potencia imperial no es exclusivamente judío. Pero en ningún otro caso tiene conexiones dirigidas a establecer una relación hegemónica duradera: EE.UU., imperio colonizado por un poder regional, paga tributo a Israel y está sometido a las anteojeras ideológicas de estos colonos extranjeros.

Muchas preguntas permanecen sin respuesta mientras el Imperio prosigue agresivamente su expansión militar y las voces internas de la represión reducen los términos del debate público.

Conclusión

Al tiempo que estos colonos extienden su influencia por las esferas política e intelectual, se sienten más seguros reafirmando la superioridad israelí sobre EE.UU., especialmente en los ámbitos de la coacción política y la guerra. Se jactan descaradamente de la superioridad del sistema de seguridad israelí, de sus métodos de interrogatorio, incluyendo sus técnicas de tortura, y piden que EE.UU. siga la agenda de guerra de Israel en Oriente Próximo.

Seymour Hersch insta al FBI y a la Agencia de Inteligencia norteamericana para que siga la práctica de la policía secreta israelí de usar o amenazar con tortura a los familiares, padres incluidos, de los sospechosos de terrorismo. Richard Perle, que tiene una gran influencia en el Departamento de Defensa de Rumsfeld, aboga por la táctica israelí de bombardeos ofensivos a los adversarios. «En 1981 los israelíes se enfrentaron a una decisión urgente: ¿debían permitir que Sadam Hussein abasteciera de combustible a un reactor nuclear construido por Francia cerca de Bagdad, o destruirlo? Los israelíes decidieron atacar preventivamente. Todo lo que sabemos *(sic)* acerca de Sadam Hussein obliga *(sic)* al presidente Bush a tomar una decisión similar: emprender una acción preventiva o esperar, posiblemente hasta que sea demasiado tarde.»[3]

Otro prominente colono, el senador Joseph Lieberman, hizo un llamamiento para que EE.UU. bombardeara Siria, Iraq e Irán tras el 11 de septiembre, haciéndose eco del consejo del primer ministro Sharon al presidente Bush. Alan Dershowitz, profesor de Derecho en Harvard, refrendó públicamente la represiva legislación en EE.UU., cuyo modelo era el sistema israelí de detención ilimitada de palestinos.

Los colonos subordinan la política norteamericana a las necesidades de la política exterior israelí, independientemente de las circunstancias y de los extremos a los que les empuja la política colonial israelí. Además, como representantes del poder hegemónico en EE.UU., tratan incluso de controlar a bajo nivel las medidas de seguridad —tortura en los interrogatorios— al tiempo que se convierten en vociferantes defensores de una guerra generalizada en Oriente Próximo. Los colonos han influido con éxito en el Gobierno de EE.UU. para que bloquee cualquier iniciativa de la UE respecto a una mediación internacional, al tiempo que EE.UU. auspiciaba el Plan Mitchell, que recomendaba observadores de paz. En resumen, a pesar de sus intrascendentes y concretas críticas a los excesos de Israel, EE.UU. no sólo ha sido un defensor incondicional de Israel, sino que ha hecho lo mismo, en el contexto de la sangrienta y prolongada represión y ocupación de los territorios palestinos, de las que Washington es cómplice. La hegemonía israelí sobre EE.UU. a través de sus colonos es un arma formidable para neutralizar a los aliados de EE.UU. de la OTAN, a los vasallos petroleros árabes, a la vasta mayoría de la Asamblea General de la ONU e incluso a su propio público en determinados asuntos de Oriente Próximo.

Más peligrosa todavía es la paranoia irracional que los colonos transfieren de la política israelí a EE.UU. Todos los árabes son sospechosos. Se debe amenazar a los adversarios de Oriente Próximo, si es que no bombardearlos. Se deben establecer tribunales militares secretos y aplicar justicia sumaria a los sospechosos de terrorismo. Los medios están especialmente puestos a punto para recoger el síndrome de la paranoia israelí: magnificando cada

---

[3] *The New York Times*, 28 de diciembre de 2001, p. 19.

amenaza, mostrando la resolución y eficiencia israelí contra los terroristas árabes. El estilo paranoico de la política ha conducido a los ataques israelíes a países árabes en Oriente Próximo, al espionaje en EE.UU., a la compra ilegal de armas nucleares en EE.UU. y a una violencia sin tregua contra los palestinos y los libaneses. El peligro es que la asimilación del estilo paranoico por parte de EE.UU. tiene enormes consecuencias, no sólo para Oriente Próximo, sino para el resto del mundo y para las libertades democráticas en EE.UU.

Lo que los intelectuales colonos y otros publicistas israelíes olvidan mencionar es que la política de seguridad israelí es un completo desastre: estaciones de autobús, centros comerciales, hoteles de cinco estrellas, pizzerías y todas sus fronteras han sido atacados, y cientos de ciudadanos israelíes han sido asesinados o heridos. Miles de israelíes cultos huyen del país precisamente a causa de la inseguridad y de la proximidad de la violencia que ni el Shin Ben, ni el Ejército, ni los colonos de los asentamientos son capaces de impedir.

Ciegos ante los fallos de la seguridad israelí, los colonos insisten en crear condiciones para la represión interna y la guerra externa. Dado su influyente papel en los medios, su importancia en las páginas de opinión y en los editoriales de los más prestigiosos periódicos, el mensaje de los colonos llega mucho más allá de su limitado número y de su mediocridad intelectual. Posición y dinero pueden compensar sus patologías psicológicas y políticas así como anular cualquier escrúpulo acerca de lealtades dobles.

II

¿Quién financia el Estado de Israel?

A la vista del desafío que plantea Israel a la opinión pública internacional y de su negativa a permitir que ninguna organización humanitaria internacional examine las consecuencias de su criminal destrucción de ciudades y campamentos de refugiados en los Territorios Ocupados, ¿quién está financiando al Estado de Israel y por qué razón esa financiación continúa sin suscitar el oprobio del mundo?

Los intentos de la ONU por investigar la destrucción israelí de Yenín han provocado la hostilidad de toda la clase política israelí. Simon Peres (el autodenominado laborista moderado que forma parte del Gobierno de Ariel Sharon) acusó de perpetrar un «libelo de sangre» a los más de 170 países miembros de la ONU, incluyendo presumiblemente en la acusación a los Estados Unidos, que votaron a favor de la resolución a favor de la creación de una comisión investigadora.

La cuestión de quién financia al Estado de Israel es crucial, ya que Israel, en la forma como lo conocemos hoy, sería un Estado inviable sin la contribución masiva del apoyo exterior. Billones de dólares recaudados por instituciones judías y no judías son canalizados para el mantenimiento de la maquinaria de guerra israelí, de su política de generosos subsidios que actúan como señuelo para atraer a los judíos que se establecen tanto en Israel como en las colonias judías de los territorios ocupados, y del elevado nivel de vida de los ciudadanos judíos de Israel. Sin ayuda exterior la economía de Israel exigiría severos recortes que implicarían un deterioro del nivel de vida y de las condiciones laborales y que provocarían con toda seguridad el éxodo de la mayoría de los profesionales israelíes, de los empresarios y de los inmigrantes recién llegados; el presupuesto militar israelí sufriría recortes e Israel se vería obligado a reducir sus intervenciones militares en los países árabes y en los territorios ocupados. Israel dejaría de ser un Estado rentista que vive a expensas de los subsidios que recibe del exterior y se vería obligado a dedicarse a la actividad productiva, es decir, a regresar a la agricultura, la manufactura y los servicios, pero sin las ventajas que ahora obtiene de la explotación de sirvientas asiáticas mal remuneradas, de trabajadores agrícolas importados de los países de Europa del Este y de trabajadores palestinos de la construcción.

Europa continúa privilegiando la importación de productos y servicios financieros israelíes a pesar de los ataques frontales y malintencionados que está sufriendo por parte de los líderes de los dos partidos presentes en el Gobierno de Sharon. Prominentes organizaciones judías de Francia e Inglaterra vinculadas a los dos partidos israelíes mayoritarios han abortado cualquier tentativa de utilizar la baza comercial para ejercer presión sobre Israel y forzarle a aceptar la mediación de la Unión Europea o de las Naciones Unidas. Sin embargo, los lazos comerciales y financieros que unen a Europa con Israel no constituyen el pilar principal sobre el que descansa la maquinaria bélica israelí. La base principal de apoyo financiero a largo plazo y a gran escala a Israel hay que buscarla en instituciones públicas y privadas de los Estados Unidos.

En los Estados Unidos existen fundamentalmente cuatro bases de apoyo financiero, ideológico y político a la economía rentista israelí:

1. Acaudalados contribuyentes judíos y poderosas organizaciones dedicadas a recaudar fondos para Israel.

2. El Gobierno de los Estados Unidos, tanto el Congreso como la Presidencia.

3. Los medios de comunicación, en especial *The New York Times*, Hollywood y las principales cadenas de televisión.

4. Dirigentes sindicales y directores de fondos de pensiones.

La actuación de estas cuatro configuraciones institucionales se superpone de forma sustancial. Por ejemplo, los activistas judíos del *lobby* israelí trabajan en estrecha colaboración con los líderes del Congreso para asegurar la ayuda militar a largo plazo y gran escala de Estados Unidos a Israel. La mayoría de los medios de comunicación de masas y unos cuantos sindicatos actúan bajo la influencia de partidarios incondicionales de la maquinaria bélica israelí y de su economía rentista. Judíos pro israelíes se hallan representados de forma desproporcionada en el mundo financiero, político, profesional, académico, inmobiliario, en el sector de los seguros y en los medios de comunicación de masas. Aunque los judíos constituyen una minoría en cada uno de esos sectores, disfrutan de un poder e influencia desproporcionados porque están organizados, son activos y concentran toda su labor en una única cuestión: la política de los Estados Unidos en el Oriente Próximo, y, de forma específica, en garantizar el apoyo militar, político y financiero masivo, incondicional e ininterrumpido de los Estados Unidos a Israel. Maniobrando desde sus puestos estratégicos en la estructura del poder, son capaces de influir en la política y censurar la circulación de cualquier voz disidente en los medios de comunicación y en el sistema político.

En la esfera política, políticos pro israelíes y poderosas organizaciones judías han unido sus fuerzas con cristianos fundamentalistas de extrema derecha partidarios de Israel y con poderosos líderes políticos vinculados al complejo militar-industrial como el secretario de Defensa Rumsfeld y el vicepresidente Cheney.

El apoyo incondicional de Israel a la Guerra Fría de Washington y a la ulterior ofensiva militar antiterrorista ha reforzado los lazos ideológicos y militares entre los líderes estadounidenses derechistas, los políticos pro israelíes y los líderes de las principales organizaciones judías. La política del nuevo imperialismo norteamericano concuerda a la perfección con la política de conquista y destrucción de los territorios ocupados desarrollada por el tándem Sharon-Peres. No resulta sorprendente que dos de los principales defensores en el Pentágono de la doctrina de guerra permanente que prevalece en Washington y de la agresión israelí sean Paul Wolfowitz y Richard Perle, dos acérrimos partidarios de organizaciones judías de extrema derecha.

Los medios de comunicación de masas de los Estados Unidos, y en particular el «respetable» *The New York Times*, se han puesto a la cabeza del esfuerzo propagandístico destinado a presentar ante la opinión pública la conquista y destrucción israelí de los territorios ocupados como una acción «defensiva» y una «guerra antiterrorista». Ni una sola voz o editorial de *The New York Times* se ha alzado para denunciar las masacres de civiles palestinos y la destrucción por parte de Israel de lugares de incalculable valor histórico y religioso de una antigüedad superior a los 2000 años. Mientras que la maquinaria bélica israelí destruye antiguos monasterios y una porción de la herencia cultural del mundo, los medios de comunicación pro israelíes de los Estados Unidos concentran su atención en los escándalos protagonizados por el clero católico. El resultado es el silenciamiento de las protestas de la Iglesia contra el bombardeo israelí de la basílica de la Natividad y contra el asesinato de las personas allí refugiadas.

Las opulentas y eficientes organizaciones judías, los complacientes representantes del Congreso y las organizaciones fundamentalistas de extrema derecha no son, sin embargo, las únicas fuentes de financiación con que cuenta Israel. Los contribuyentes norteamericanos han venido sufragando la maquinaria militar israelí durante 35 años a razón de 3 billones de dólares por año concedidos en concepto de ayuda directa (más de 100 billones en total, y la cuenta sigue). Los afiliados de base de los sindicatos se sorprenderían al saber que sus fondos de pensiones han sido invertidos en la compra de bonos israelíes que ofrecen intereses inferiores a los normales y presentan riesgos más elevados. A pesar del bajo atractivo financiero de los bonos israelíes, algunos de los principales sindicatos norteamericanos, fondos de pensiones de trabajadores y principales corporaciones multinacionales han prestado colectivamente billones de dólares al régimen israelí. En todos los casos, la decisión de adquirir bonos de un Gobierno extranjero es adoptada por los dirigentes sindicales y por los gestores empresariales de los fondos sin consultar a los afiliados ni a los accionistas.

Cuando preguntaron a Nathan Zirkin, director financiero del Sindicato de Detallistas, Mayoristas y Grandes Almacenes, si su sindicato pensaba continuar adquiriendo bonos israelíes a pesar de que Israel se dedica a reprimir y arrestar a sindicalistas palestinos, respondió lo siguiente: «Sin ninguna duda. Los palestinos no tenían un duro hasta que llegó Israel». Los ingresos procedentes de la venta de los bonos son empleados para financiar asentamientos judíos en Cisjordania y Gaza. El grueso del resto de los ingresos generados por los bonos se transfiere al presupuesto ordinario israelí para costear los gastos militares y los servicios de inteligencia.

Muchos de los sindicatos que compran bonos israelíes están controlados por la Mafia o se hallan bajo su influencia. El sindicato de camioneros es el mayor comprador de bonos israelíes; también es el sindicato con mayor número de altos cargos incursos en causas penales por mantenimiento de vínculos con la Mafia, por uso ilícito de fondos sindicales y por robo masivo de fondos de pensiones de los afiliados al sindicato. En este caso, los sindicalistas mafiosos compraban a los medios de comunicación de masas propaganda favorable y apoyo para las «respetables» organizaciones judías a través de la adquisición de bonos israelíes.

Los fondos de pensiones de los sindicatos han sido utilizados también por sindicalistas burócratas para adquirir bonos israelíes. El caso más sangrante es el del antiguo Sindicato de Trabajadores de la Confección Femenina, actualmente denominado UNITE, un sindicato cuyos afiliados son en un 95 por 100 trabajadores negros, hispanos y chinos con ingresos inferiores al salario mínimo. La directiva y plantilla de UNITE está formada en su inmensa mayoría por judíos con ingresos que oscilan entre los 100.000 y los 350.000 dólares anuales, más dietas. Al canalizar más de 25 millones de dólares de los fondos de pensiones de ese sindicato hacia Israel se despoja a los trabajadores estadounidenses afiliados a ese sindicato de la posibilidad de acceder a préstamos de vivienda, a servicios sociales, a defensa legal, etcétera. Claramente, los líderes sindicales judíos están en mayor sintonía con el Estado de Israel y con la opresión que éste ejerce contra los trabajadores palestinos que con sus propios y mal organizados trabajadores, víctimas de algunas de las peores condiciones de trabajo de los Estados Unidos.

Los promotores de bonos israelíes, ayudados por dirigentes sindicales corruptos vinculados a la Mafia, han vendido bonos israelíes por valor de cientos de millones de dólares a 1.500 organizaciones sindicales con unos tipos de interés inferiores a los de otros títulos y mucho menores de los que cualquier inversor esperaría razonablemente de préstamos realizados a un Gobierno extranjero tan problemático desde el punto de vista económico como es Israel.

Tres factores explican que los dirigentes sindicales estadounidenses canalicen los fondos de pensiones de sus afiliados y sus cuotas sindicales hacia la compra de bonos israelíes: 1) la protección política y respetabilidad que obtienen al verse asociados con Israel y sus *lobbystas* —esto es especialmente importante en el caso de funcionarios corruptos con vínculos mafiosos–; 2) los lazos ideológicos y étnicos existentes entre los dirigentes sindicales judíos e Israel y, 3) la posibilidad de utilizar la compra de los bonos israelíes como método para lavar el dinero obtenido ilegalmente por algunos dirigentes sindicales. La principal organización dedicada a la venta de bonos israelíes se las arregló para llegar a un acuerdo con las autoridades estadounidenses y resolver «fuera del tribunal» una demanda por lavado de dinero presentada contra ella a instancias de la Comisión Estadounidense de Bolsa y Valores.

Cómplices de genocidio

En abril de 2002, 100.000 personas, en su mayoría fundamentalistas judíos y cristianos, realizaron una marcha de apoyo al régimen de Sharon justo en el momento en el que tenía lugar el asedio de Yenín. En Israel, dos de cada tres israelíes (65 por 100) encuestados a finales de abril del 2002 apoyaban a Sharon y casi un 90 por 100 daban crédito a la propaganda del régimen según la cual la comisión de la ONU para investigar la devastación de los Territorios Ocupados «no será justa con Israel». El público israelí, los dirigentes sindicales estadounidenses y las elites políticas y financieras que financian a Sharon son cómplices de los crímenes perpetrados por Israel contra el pueblo palestino. Obviamente, la cada vez más reducida minoría de judíos en Israel que se opone a la maquinaria militar israelí tiene poca o nula influencia sobre la política del país, sobre los medios de comunicación y prácticamente ninguna capacidad para recaudar fondos del exterior.

Los acaudalados y poderosos judíos del extranjero gravitan en torno a la órbita de Sharon. Siete de entre los ocho oligárquicos billonarios de la mafia rusa han realizado generosas contribuciones al Estado de Israel y mantienen excelentes relaciones con Sharon y con Simon Peres, con quienes comparten idéntico desdén por los militares reservistas disidentes.

Conclusión

Debido en primer lugar al enorme e incondicional apoyo militar y financiero que recibe por parte de influyentes judíos de los

Estados Unidos, de fundamentalistas cristianos, del complejo militar-industrial, de los extremistas del Pentágono y de corruptos sindicalistas estadounidenses, Israel puede permitirse el lujo de desafiar a la opinión pública mundial, difamar a las organizaciones humanitarias y a líderes defensores de los derechos humanos y proseguir con todo desparpajo con su política genocida. Los líderes israelíes conocen a «su gente»: saben que cuentan con partidarios incondicionales que ya han sido puestos a prueba. Saben que sus banqueros, profesionales y fundamentalistas van a apoyarles hasta que acaben de asesinar al último palestino. La marcha de los 100.000 realizada en Washington en mitad de la masacre de Yenín es la prueba de ello.

III

PALESTINA, LA SOLUCIÓN FINAL Y JOSÉ SARAMAGO

Las imágenes de la fuerza militar de Israel han sido transmitidas al mundo entero. Soldados disparando en la cabeza a los heridos. Tanques derribando paredes de casas, oficinas, el complejo de Arafat. Cientos de niños y hombres, con las cabezas encapuchadas, siendo llevados a culatazos a los campos de concentración; helicópteros artillados destruyendo mercados; tanques destruyendo olivos, naranjos y limoneros. Las calles de Ramala devastadas. Mezquitas y escuelas acribilladas a balazos, dibujos de niños hechos pedazos, crucifijos hechos añicos, paredes autografiadas por los merodeadores del Ejército. Millones de palestinos rodeados por tanques: con la electricidad cortada, el agua, los teléfonos, sin alimentos. Las tropas de asalto rompen las puertas y los muebles y los utensilios de cocina, lo que sea que haga posible la vida. ¿Es que acaso alguien puede decir hoy en día que no sabía que los israelíes estaban cometiendo un genocidio contra todo un pueblo, apretujado en los sótanos, bajo las ruinas de sus hogares? A los sobrevivientes entre los heridos, a los agonizantes, se les niega deliberadamente la atención médica; las decisiones sistemáticas y metódicas del alto mando israelí de bloquear todas las ambulancias, de arrestar y hasta disparar contra los conductores y el personal de emergencias médicas. Tenemos el dudoso privilegio de ver y leer al instante cómo se desarrolla todo este horror por parte de los descendientes del Holocausto, los que con hipocresía y rencor reivindican el monopolio del uso de la palabra que mejor describe el ataque contra todo un pueblo, con la complicidad de la mayoría de los israelíes, excepto unas pocas almas valientes.

El público israelí, sus medios y periodistas, se escandalizaron cuando el portugués ganador del Premio Nobel, el escritor José Saramago, los confrontó con la verdad histórica: «Lo que esta ocurriendo en Palestina es un crimen que podemos comparar con lo que ocurrió en Auschwitz».

El público israelí, en lugar de reflexionar sobre sus actos violentos, se lanzó contra Saramago por haberse atrevido a compararlos con los nazis. En su ceguera moral, Amos Oz, el escritor israelí y de a ratos pacifista –hasta que Israel entra en guerra– acusó a Saramago de ser un «antisemita» y de una «increíble ceguera moral». La profunda inmoralidad de una guerra contra todo un pueblo es un crimen contra la humanidad. No hay excepciones especiales. Son precisamente esos intelectuales israelíes y de la diáspora que se dicen «progresistas» los que han expuesto su propia ceguera nacional y su cobardía moral, encubriendo sus disculpas para el terror israelí con los harapos de las víctimas del Holocausto de hace 50 años.

Uno sólo necesita leer la prensa israelí para comprender la validez de la analogía histórica de Saramago. Día a día, líderes prominentes y respetables elegidos por el electorado judío «bestializan» a sus adversarios palestinos, todo con tal de justificar mejor su propia violencia desenfrenada. Según el diario israelí *Ma Arriv* –citado por Robert Fisk– un oficial israelí aconseja a sus tropas estudiar las tácticas adoptadas por los nazis en la II Guerra Mundial. «Si nuestro trabajo es tomar campos de refugiados densamente poblados en la *casbah* de Nablús, un oficial debe analizar las lecciones de las guerras pasadas, hasta analizar cómo el Ejército alemán operó en el gueto de Varsovia.» Cuando la prensa hebrea acusó a Saramago de ser antisemita, ¿estaban dispuestos a extender esa calumnia a los oficiales de su Ejército y a sus tropas por utilizar las mismas analogías? ¿Es que los oficiales israelíes también van a alegar meramente que «estaban cumpliendo órdenes» al volar edificios con mujeres, niños y ancianos en su interior?

En los foros mundiales –desde la Unión Europea hasta las Naciones Unidas y a lo largo y ancho del Tercer Mundo– se condena a Israel por actos contra la humanidad. Los defensores de Israel descubrirán que el llamar a los críticos «antisemitas» ya no intimida a la gente. La opinión pública mundial ha visto y leído demasiado. Nos estamos dando cuenta de que las víctimas se pueden convertir en ejecutores; que la ocupación militar lleva a la limpieza étnica y a las expulsiones masivas; que los rasguños se pueden convertir en gangrena.

De forma predecible, Washington sigue a las poderosas organizaciones judías y a los militaristas de la ultraderecha: sólo es el gobierno el que respalda el terrorismo estatal israelí, contra los líderes de la fe cristiana y musulmana, y en contra de los intereses de las mayores compañías petroleras y de sus aliados de Arabia Saudí y Kuwait.

Mientras que pequeños grupos de disidentes israelíes protestan y muchos reservistas se niegan a servir en el ejército de ocupación, el comentario de Saramago sobre la opinión pública israelí se aplica por igual a la mayoría de la diáspora proisraelí: «Un sentimiento de impunidad caracteriza hoy en día al pueblo israelí y su Ejército. Han sido convertidos en rentistas del Holocausto». A la usanza de un estado policial cualquiera, Israel ha retirado todos los libros de Saramago de las librerías y las bibliotecas. Con la misma seriedad con la que se preparó para el genocidio, el estado israelí le ha prohibido la entrada a todos los periodistas a los guetos palestinos, a excepción de aquellos que resorben los comunicados de prensa del ejército israelí.

Como en la Alemania nazi, todos los varones palestinos entre dieciséis y sesenta años son apresados, muchos de ellos desnudados, esposados, interrogados, y muchos de ellos torturados. Las familias de los combatientes de la resistencia palestina son hechas rehenes, sin agua, alimento o electricidad. Los soldados israelíes saquean las casas y roban cualquier objeto de valor, destruyendo los muebles. Como con los nazis, se deja morir a cientos de palestinos heridos mientras que las tropas israelíes bloquean todas la ambulancias. Cientos de miles se enfrentan a la deshidratación y la muerte por inanición, dado que se ha cortado todo suministro de agua y alimento. Tropas israelíes, tanques y helicópteros, han destruido todas las ciudades principales y campos de refugiados: Tulkarm, Al Bireh, Al Jader, Beit Jala, Oalquilya, Hebrón. El descubrimiento de un solo combatiente de la resistencia resulta en culpa y castigo colectivos: padres, hijos, tíos y vecinos son sacados a la fuerza y llevados a los campos de concentración, campos de fútbol y parques infantiles reconvertidos.

Es evidente que la indignación israelí y judía por la equiparación hecha por Saramago del terrorismo israelí con Auschwitz puso el dedo sobre un recuerdo sensitivo: el desprecio hacia sí mismos de los ejecutores que se dan cuenta de que son discípulos de sus persecutores y que, a toda costa, deben negarlo. Hasta hoy, todas la apelaciones hechas por los árabes moderados ante Bush para que intervenga para poner fin a la masacre de los israelíes han sido fútiles. Washington ha reiterado su apoyo a Sharon, a la invasión y a la guerra contra los palestinos. No hay ningún poder en los EE.UU. que pueda contrarrestar al dinero y la influencia del *lobby* israelí y sus poderosos aliados judíos. En otros lugares, sin embargo, hay esperanza. La Vía Campesina y los seguidores de Bové han hecho un llamado para llevar adelante un boicot de los bienes y servicios israelíes. Israel depende fuertemente de sus exportaciones a la Unión Europea. Las reducciones en los envíos de petróleo de los países exportadores, particularmente de Arabia Saudí, Kuwait, Irak, Irán y Libia podrían provocar una fuerte alza de los precios del petróleo y una crisis económica de importantes proporciones en los EE.UU., Europa y Japón. Esto podría enderezar la espalda de los europeos y despertar la conciencia del público norteamericano.

Lo que está absolutamente claro es que mientras que Tel Aviv cuente con la palanca del *lobby* israelí en Washington y el apoyo de Bush, no importa qué cantidad de resoluciones de las Naciones Unidas, Convenciones de Ginebra y llamamientos europeos se hagan, éstos serán ignorados por completo. En la mentalidad de búnker de Sharon y sus paranoicos seguidores israelíes son todos antisemitas, seguidores de los Protocolos de Zion, que intentan desmoralizar a los israelíes para que no lleven a cabo la misión bíblica de una Gran Israel, un pueblo, una nación, un Dios; la expulsión de todos los palestinos de su Tierra Prometida. La opinión pública mundial no puede seguir pasiva y repetir la tragedia del Holocausto judío del siglo XX en el siglo XXI. Todavía hay tiempo. Pero, ¿por cuánto tiempo puede resistir un pueblo heroico sin agua y comida? La oferta de Sharon a Arafat –la libertad de irse sin poder regresar jamás–, está dirigida a todo el pueblo palestino.

IV

YENÍN: ¿AUSCHWITZ O EL GUETO DE VARSOVIA?

Estando de acuerdo con la caracterización general que hace Saramago del ataque israelí contra los palestinos, creo que la analogía más apropiada a la que se puede recurrir no es Auschwitz, sino el levantamiento del gueto de Varsovia contra los nazis. Tanto los israelíes como los nazis se mostraban resueltos a destruir el tejido social del pueblo oprimido y a expulsarlo de la tierra conquistada, en el caso de los nazis por la vía de los hornos crematorios y las cámaras de gas, en los Territorios Ocupados mediante el terror y la destrucción sistemática de las estructuras básicas de la sociedad: viviendas, hospitales, escuelas, carreteras, electricidad, agua, alimentos, comercio, agricultura e industria. En ambos casos se han producido redadas de hombres con edades comprendidas entre los quince y los sesenta años, que han sido confinados en campos de concentración.

Sin embargo, la resistencia palestina en Yenín y las demás ciudades y campos de refugiados recuerda la violenta insurrección de los judíos varsovianos contra los nazis, y difiere de la sumisión pasiva de los que fueron enviados a Auschwitz. Ironía de la historia, los judíos israelíes estaban destruyendo Yenín el mismo día (19 de abril) que los judíos conmemoran el levantamiento de Varsovia. Los militares israelíes han tomado prestadas de los nazis, de forma explícita, sus tácticas de guerra urbana, dedicándose a la destrucción masiva con tanques y vehículos acorazados después de encontrarse una enconada resistencia en el combate casa por casa. El alto mando judío ordenó que los tanques cañonearan los edificios, con todos sus ocupantes dentro, y que luego los echaran abajo, enterrando a las víctimas bajo los escombros. Las tropas de asalto nazis practicaban la misma política de «tierra quemada». El resultado es que tanto Yenín como el gueto de Varsovia presentan exactamente el mismo desolado paisaje, el mismo repugnante hedor a cuerpos en descomposición bajo los escombros.

Las respuestas dadas por estos dos gobiernos a sus crímenes contra la humanidad son similares: los resistentes palestinos y judíos son «terroristas». Para sus respectivos pueblos, la historia, sin embargo, es diferente: los combatientes judíos de Varsovia y las milicias palestinas son vistos como héroes nacionales.

Las maquinarias propagandísticas de los Estados judío y nazi vomitan la misma propaganda mendaz: la invasión de los guetos y la destrucción de la resistencia se presentan como «políticas defensivas», la destrucción del tejido social de una sociedad se describe como la destrucción de la infraestructura terrorista. Como Goebbels, Sharon habla de buscar la «paz»... a través del genocidio.

Tanto Hitler como el Estado israelí negaron la entrada a la Cruz Roja en los guetos para atender a los heridos y enfermos. La misma visión paranoica que llevó a la maquinaria bélica de Hitler a matar mujeres y niños, ha llevado a los israelíes a denunciar a todos los grupos de Derechos Humanos, las Naciones Unidas, la Unión Europea y otras agencias humanitarias que contemplan horrorizados la matanza. Si la paranoia de Hitler hizo que tachase todas las críticas democráticas de «arios resentidos», Sharon y sus fanáticos cómplices, tanto dentro como fuera de Israel, gritan «antisemitismo» contra las Naciones Unidas, la Cruz Roja y otras organizaciones humanitarias en un perpetuo arranque de comportamiento psicótico.

La profunda irracionalidad que afecta a los líderes israelíes queda perfectamente ilustrada por un incidente ocurrido en el hospital de enfermedades mentales de Ramala. Después de que un tanque israelí volase un muro del manicomio, uno de los pacientes preguntó a su doctor: «¿Puedo usar su móvil? Me gustaría llamar a la CNN y decir a Ariel Sharon que se venga por aquí, que le atenderemos gratuitamente». La respuesta de los partidarios de los Estados israelí y nazi ante lo ocurrido en Varsovia y

Yenín fueron similares: celebraciones de victoria y promesas de apoyo adicional. Unas 100.000 personas, en su mayoría judíos, marcharon sobre Washington prometiendo su apoyo incondicional a Sharon y su campaña genocida. Respetables médicos, dentistas, hombres de negocios, famosos de los medios de comunicación, reunieron millones de dólares para la máquina de guerra israelí. Al tiempo que los profesionales y progresistas judíos huyen de la inseguridad y la náusea, los Estados Unidos y los líderes judíos israelíes visitan Argentina para reclutar a judíos empobrecidos de clase media ofreciéndoles billetes de avión gratis, casas, subsidios, trabajos y jardines... robados a los palestinos, del mismo modo que los nazis echaban a los judíos y se apoderaban de sus propiedades entregándolas a seguidores leales.

Varsovia y Yenín, judíos como víctimas, judíos como opresores. Los descendientes de los héroes del gueto de Varsovia llevando a la práctica la táctica y la estrategia de los asesinos de sus abuelos. Obviamente, entre los alemanes y los judíos hubo y hay quienes se oponen a la máquina bélica alemana e israelí. Millones de socialistas, comunistas, sindicalistas y demócratas alemanes asesinados, encarcelados y reprimidos por el régimen nazi. En la actualidad, una minoría de valientes israelíes claman contra Sharon y sus cómplices. Los progresistas alemanes en el exilio condenaron la matanza nazi de judíos en Varsovia y algunos incluso expresaron su solidaridad con la resistencia. Del mismo modo, en los Estados Unidos y en Europa grupos de judíos críticos condenan la maquinaria bélica de Sharon. Pero los medios de comunicación no recogen su crítica. Son críticos silenciados. En los Estados Unidos sólo se escucha la voz y se ven las imágenes del Estado israelí: poderosos representantes sindicales continúan comprando bonos israelíes con los fondos de pensiones de sus miembros. Las ventas de bonos israelíes están en alza.

Hollywood también es su cómplice: la diferencia respecto de la Alemania nazi es que aún no ha surgido nadie que produzca un nuevo triunfo de la voluntad, la glorificación de Leni Riefenstal de las grandes reuniones del Partido en Núremberg.

Consideremos Yenín y Varsovia. En ambos casos, el mundo, las democracias occidentales, se han movilizado y han contemplado la matanza. Horrorizadas, pero incapaces de actuar. Sin embargo, hoy, a diferencia de lo ocurrido en Varsovia, nadie podrá decir que no lo sabía.

Yenín: un genocidio de nuestro tiempo. La destrucción del gueto de Varsovia no fue un acto único llevado a cabo por un poder maligno único. Los judíos no son el único pueblo que ha sufrido un holocausto. Yenín es nuestro holocausto. La insurrección palestina está conducida por nuestros resistentes. El 19 de abril, en una ceremonia celebrada en Buenos Aires para conmemorar el aniversario del levantamiento de Varsovia, Osvaldo Bayer recordó a su audiencia, mayoritariamente judía, la resistencia palestina en Yenín. Algunos aplaudieron. Los más permanecieron en silencio.

Puede que haya críticos que objeten que Israel es una democracia y que Alemania era un Estado totalitario. Israel es una democracia para judíos y un violento opresor de palestinos en los territorios colonizados. En dichos territorios los israelíes actúan como los nazis: apoderándose de las tierras y del agua palestinas, encarcelando a miles de personas, destruyendo los hogares del «pueblo inferior». Otros críticos pueden aducir que los palestinos están involucrados en el terrorismo contra los colonos y, en Israel, contra simples civiles, a diferencia de los resistentes de Varsovia, que lucharon contra el ejército nazi. La diferencia es tan sólo marginal: los combatientes de Varsovia también asesinaron a funcionarios civiles alemanes, a polacos e incluso a colaboradores judíos. La principal diferencia radicaba en la distancia y la geografía: los civiles alemanes estaban demasiado lejos. Después de la guerra, el conjunto de la población alemana fue duramente castigado por los crímenes de su Gobierno.

Como todas las analogías, la de Varsovia/Yenín tiene sus límites en el tiempo y en el espacio. Pero en los puntos básicos existe una perturbadora convergencia: un pueblo heroico se levantó y luchó contra la maquinaria militar de unos Estados genocidas.

Traducciones de: CSCAweb/*Rebelión* (cap. I),
L. B./*Rebelión* (cap. II), Jorge Capelán/*Rebelión* (cap. III) y
Jesús Espino (cap. IV).

El último tabú estadounidense

Edward W. Said

Los acontecimientos de las últimas semanas en Palestina* han supuesto un triunfo prácticamente total para el sionismo en Estados Unidos. El discurso político y público ha transformado tan rotundamente a Israel en la víctima durante los últimos enfrentamientos que, a pesar de que se han perdido aproximadamente 200 vidas palestinas y se han registrado 6.000 heridos, hay unanimidad en que la «violencia palestina» ha desbaratado el curso tranquilo y ordenado del «proceso de paz». Hay en estos días una breve letanía de frases que todo editorialista repite literalmente o asume como presupuesto implícito: han sido grabadas en los oídos, la mente y la memoria como una guía de perplejos. Puedo recitarlas casi todas de memoria: Barak ofrecía más concesiones en Camp David que cualquiera de sus predecesores en el cargo de primer ministro israelí (el 90 por 100 de los territorios y la soberanía parcial sobre Jerusalén oriental); Arafat fue cobarde y no tuvo el valor necesario para aceptar las ofertas israelíes para poner fin al conflicto; la violencia palestina ha puesto en peligro la existencia de Israel con todo tipo de variaciones sobre este tema, entre las que no faltan el antisemitismo, la furia suicida por aparecer en televisión, el sacrificio de niños como mártires; un viejo «odio» a los ju-

---

* Edward W. Said escribió este trabajo en 2000, tras el inicio de la ultima intifada. [N. del Ed.]

díos arde en Cisjordania y Gaza, donde la OLP incita a los ataques contra éstos poniendo en libertad a terroristas y publicando manuales escolares que niegan la existencia de Israel.

La imagen general es que Israel está tan rodeado de bárbaros lanzadores de piedras que ni siquiera los misiles, tanques y helicópteros de combate utilizados para defender a los israelíes bastan para protegerse de lo que no es sino una fuerza invasora. Las exhortaciones de Clinton a los palestinos para que se «retiren», obedientemente repetidas como un papagayo por Albright, dan a entender que son los palestinos los que están ocupando el territorio israelí y no al revés. En los medios de comunicación estadounidenses la sionización es tan minuciosa que ni uno solo de los mapas publicados o aparecidos en televisión podría revelar a los ciudadanos estadounidenses la red de guarniciones, asentamientos, carreteras y barricadas israelíes que surcan Gaza y Cisjordania. En los mapas desaparece completamente el sistema de zonas A, B y C, que perpetúa la ocupación militar del 40 por 100 de Gaza y del 60 por 100 de Cisjordania, en conformidad con los «acuerdos» de Oslo. La censura de la geografía, en el más geográfico de los conflictos, crea un vacío imaginativo antaño favorecido intencionadamente, pero hoy más o menos automático en el que todas las imágenes del conflicto están descontextualizadas. El resultado no es sólo la absurda creencia de que hay un ataque en marcha contra Israel, sino una deshumanización de los palestinos, reducidos al grado de bestias que actúan prácticamente sin discernimiento ni motivos. Así, pues, no hay nada extraño en que las cifras de muertos y heridos omitan constantemente toda mención a la nacionalidad, como si el sufrimiento se repartiera por igual entre las «partes en guerra». Nada se dice de las demoliciones de casas, las expropiaciones de tierras, las detenciones ilegales, las palizas y la tortura. Han quedado olvidadas la limpieza étnica de 1948; las masacres de Qibya, Kafr Qassem, Sabra y Chatila; el desafío a las resoluciones de la ONU y el incumplimiento de la Convención de Ginebra y las décadas de vigilancia militar y discriminación contra la población árabe dentro de Israel. Ariel Sharon es, en el mejor de los casos, un «provocador», ni por asomo un criminal de guerra; Ehud Barak es siempre un estadista, nunca el asesino de Beirut y Túnez. En el libro de cuentas de la moral, el terrorismo se carga siempre a la cuenta de los palestinos, la defensa se abona en la de los israelíes.

Desde el 28 de septiembre de 2000 ha habido una media de entre uno y tres artículos de opinión al día en *The New York Times, The Washington Post, The Wall Street Journal, Los Angeles Times* y *The Boston Globe*. A excepción de tal vez tres colaboraciones escritas en favor de los palestinos en *Los Angeles Times* y dos —una por una abogado israelí, Allegra Pacheco; la otra por un liberal jordano favorable a Oslo— en *The New York Times*, cada uno de los artículos —incluidas las columnas habituales de Thomas Friedman, William Safire, Charles Krauthammer *et al.*— han apoyado clamorosamente a Israel y han denunciado la violencia palestina, el fundamentalismo islámico y la continua ruptura del «proceso de paz» por parte de Arafat. Los autores de esta implacable marea propagandística son antiguos mandos militares y diplomáticos estadounidenses, funcionarios y apologistas israelíes, expertos regionales y miembros de gabinetes de estrategia, integrantes de *lobbies* y personajes públicos al servicio de Tel Aviv. La premisa tácita de esta ocultación total por parte de los principales grupos de prensa viene a decir que ninguna postura árabe o palestina sobre el terror policial israelí, el colonialismo de los asentamientos o la ocupación militar merece la pena de ser escuchada. En definitiva, el sionismo estadounidense ha hecho de toda discusión seria del pasado o el futuro de Israel —con mucho el mayor receptor de la ayuda exterior de Estados Unidos de la historia— un tabú. No sería exagerado decir que, en sentido estricto, éste constituye el último tabú de la vida pública estadounidense. El aborto, la pena de muerte e inclusive el sacrosanto presupuesto militar pueden ser discutidos con cierta libertad. Puede admitirse el exterminio de los indígenas norteamericanos, impugnar la moralidad de Hiroshima, entregar públicamente a las llamas la bandera nacional. Pero la continuidad sistemática de los 52 años de opresión y maltrato de los palestinos por parte de Israel es prácticamente impronunciable, una narración que no puede salir a la luz pública.

Fanáticos estadounidenses

¿Cómo se explica esta situación? La respuesta reside en el poder de las organizaciones sionistas en la política estadounidense, cuyo papel durante el «proceso de paz» nunca ha sido lo suficientemente estudiado —un descuido que resulta absolutamente pasmoso, toda vez que en lo esencial la política de la OLP ha consistido en poner nuestro destino como pueblo en manos de Estados Unidos, sin ninguna conciencia estratégica de hasta qué punto la política estadounidense está dominada por una exigua minoría cuyos puntos de vista acerca de Oriente Próximo son en algunos aspectos más extremos que los del mismo Likud. Un ejemplo personal puede ilustrar este contraste. Hace no mucho tiempo el periódico israelí *Ha'aretz* envió a un destacado columnista, Ari Shavit, para que pasara varios días conversando conmigo. Un buen resumen de esta larga conversación fue publicada como un cuestionario en el número del 18 de agosto de 2000 del suplemento del periódico, íntegro y sin censura en lo esencial. Me expresé francamente, haciendo hincapié en las expulsiones y los asesinatos de 1948, el derecho a la vuelta de los refugiados y el historial de Israel como potencia de ocupación desde 1967. Mis opiniones fueron presentadas tal y como las manifesté, sin la más mínima intervención editorial por parte de Shavit, cuyas preguntas fueron siempre correctas y carentes de animosidad. Una semana después, *Ha'aretz* publicó una réplica de Meron Benvenisti, ex teniente de alcalde de Jerusalén con Teddy Kollek. En lo personal, estaba lleno de insultos e injurias contra mí y contra mi familia. Pero Benvenisti no negaba en ningún momento la existencia de un pueblo palestino, ni que fuéramos expulsados en 1948. Claro que os conquistamos, decía, –¿por qué tendríamos que sentirnos culpables? Respondí a Benvenisti una semana más tarde, recordando a los lectores israelíes que Benvenisti era responsable de la destrucción de Harit al Magharibah en 1967, donde varios cientos de palestinos perdieron sus hogares a manos de los bulldozers israelíes, y probablemente estaba al corriente del asesinato de algunos de ellos. Pero no tuve que recordar a Benvenisti o a los lectores de *Ha'aretz* que, como pueblo, existíamos y podíamos al menos reclamar nuestro derecho a la vuelta. Era algo que se daba por sentado.

Lo que no se suele tener tan en cuenta es que ni la entrevista ni la polémica podrían haber aparecido en ningún periódico estadounidense y no digamos en uno judeo-estadounidense; y si, *per impossibile*, una tal entrevista hubiera tenido lugar, las preguntas habrían consistido en rudas bravatas del tipo: ¿por qué estuvo implicado en el terrorismo? ¿Por qué nunca reconocerá a Israel? ¿Por qué el Mufti de Jerusalén era nazi?, etc. Mientras que sionistas como Benvenisti, por más que me aborrezcan, nunca negarán que existe un pueblo palestino que fue obligado a marcharse en 1948, un típico sionista estadounidense sostendrá que no hubo tal conquista o, como afirmara Joan Peters en un libro premiado en 1984 y hoy casi olvidado, *From Time Inmemorial*, que no había palestinos viviendo en Palestina antes de 1948. Todo israelí sabe perfectamente que la totalidad de Israel fue antaño Palestina, que, como declarara públicamente Moshe Dayan en 1967, cada una de las ciudades o aldeas israelíes tuvo antaño su nombre árabe. El discurso sionista estadounidense nunca es capaz de esta misma franqueza. Debe divagar continuamente sobre la democracia israelí como una flor en el desierto, eludiendo completamente los hechos esenciales acerca de 1948 que todo israelí conoce al dedillo. Tan alejados de la realidad están los partidarios judeo-estadounidenses de Israel, tan atrapados entre la culpa ideológica –al fin y al cabo, ¿qué significa ser sionista y no emigrar a Israel?– y el pavoneo sociológico –¿no es ésta la comunidad más afortunada de la historia de Estados Unidos, ya que ha proporcionado secretarios de Estado, Defensa, Tesoro y los sucesivos directores del Consejo de Seguridad Nacional en la Administración Clinton?–, que lo que a menudo se deja ver es un aterrador cóctel de violencia delegada contra los árabes, resultado de la ausencia de un contacto continuo con éstos, a diferencia de los judíos israelíes.

Para demasiados sionistas estadounidenses los palestinos no son seres reales, sino fantasmas demonizados –espantosas encarnaciones del terrorismo y el antisemitismo. Un antiguo estudiante mío, producto de la más exquisita educación disponible en Estados Unidos, me escribió hace poco una carta para preguntarme por qué, como palestino, permitía que un nazi como el Mufti de Jerusalén continuara marcando mi agenda política. «Antes de Haj Amin», me informaba, «Jerusalén no era importante para los árabes. Pero éste fue tan pérfido que lo convirtió en una cuestión importante para los árabes con la única intención de frustrar las aspiraciones sionistas, que siempre creyeron en la importancia de Jerusalén». Ésta no es la lógica de alguien que ha vivido con o ha tenido una experiencia personal de relación con los árabes. No es casual que el sionismo, alimentado en Estados Unidos, haya producido las peores aberraciones fanáticas en el mismo Israel. Por algo será que el Dr. Baruch Goldstein, que asesinó a 29 palestinos mientras rezaban tranquilamente en la mezquita de Hebrón, y Rabbi Meir Kahane eran estadounidenses. Lejos de verse rechazados por sus seguidores, ambos continúan siendo venerados hasta el día de hoy. No pocos de los más entusiastas colonos ultraderechistas de Cisjordania o Gaza, que clamorean que la «tierra de Israel» es suya, que odian e ignoran a los habitantes palestinos con los que se cruzan diariamente, también proceden de Estados Unidos. Verles pavonearse con desprecio por las calles de Hebrón como si la ciudad árabe ya fuera suya es una escena aterradora.

Dominio total sobre las decisiones políticas

Pero el papel de estos inmigrantes resulta insignificante al lado del de sus simpatizantes dentro del país. En éste el American Israel Public Affairs Committee [Comité de asuntos públicos estadounidense-israelí] –AIPAC– ha sido durante años el *lobby* más poderoso en Washington. Escudado en una población judía bien organizada, bien relacionada, bastante visible y acaudalada, el AIPAC inspira un miedo y un respeto reverenciales en todo el abanico de fuerzas políticas. ¿Quién va a enfrentarse a ese Moloch en favor de los palestinos, que no pueden ofrecer nada, mientras que el AIPAC puede destruir la carrera política de un congresista a golpe de talonario? En el pasado, uno o dos representantes del Congreso opusieron resistencia públicamente al AIPAC, pero los numerosos comités de acción política controlados por el AIPAC se aseguraron de que nunca volvieran a ser reelegidos. El único senador que en una ocasión intentó vagamente oponerse al AIPAC fue James Abourezk, de Dakota del Sur, que dimitió por motivos personales después de una legislatura. Hoy, la práctica totalidad del Senado puede ser convocada y preparada en cuestión de horas para firmar una carta al presidente en favor de Israel. Nadie ilustra mejor el ascendiente del AIPAC que Hillary Clinton, quien en su ansiosa escalada hacia el poder en Nueva York superó en fervor israelí incluso a los sionistas más ultraderechistas, llegando a pedir el traslado de la embajada estadounidense de Tel Aviv a Jerusalén y la concesión del indulto a Jonathan Pollard, el espía israelí que cumple cadena perpetua en Estados Unidos.

Si éste es el material del cuerpo legislativo, ¿qué cabe esperar del ejecutivo? En un episodio revelador pero que ha pasado desapercibido, el actual embajador en Israel, Martin Indyk, fue privado repentinamente de su acceso a documentos confidenciales por el Departamento de Estado, al parecer por el uso negligente de su ordenador portátil, lo que podría haber revelado información confidencial a «personas no autorizadas». Durante una temporada no pudo entrar o salir del Departamento de Estado sin un acompañante y se le impidió volver a Israel a la espera de los resultados de una investigación exhaustiva[1]. No es difícil conjeturar lo ocurrido. El origen del escándalo, naturalmente nunca mencionado en los medios de comunicación, fue el nombramiento en primer lugar de Indyk. La misma víspera de la toma de posesión de Clinton en enero de 1993, se informó que Indyk –un súbdito australiano de origen judío, nacido en Londres– había prestado juramento como ciudadano estadounidense por orden expresa del presidente electo, ignorando todos los trámites habituales en un acto perentorio de privilegio ejecutivo, lo que le permitió ser catapultado inmediatamente al Consejo de Seguridad Nacional con responsabilidades para Oriente Próximo. ¿Qué había sido o hecho Indyk para merecer semejante favor extraordinario? Había sido jefe del Instituto de Estudios Políticos para Oriente Próximo, un grupo de expertos de Washington que ejerce como *lobby* en favor de Israel en tándem con el AIPAC. Como era de esperar, Dennis Ross, un asesor del Departamento de Estado que encabeza la supervisión estadounidense del «proceso de paz», es otro antiguo jefe del mismo Instituto.

¿Cuál es la situación, entonces, en lo que respecta a la sociedad civil? Aquí el consenso en torno a Israel como modelo de democracia que forma un oasis de la modernidad occidental en el desierto político de Oriente Próximo es prácticamente inexpugnable. Si éste presenta cualquier signo de desfallecimiento, interviene una imponente retahíla de organizaciones sionistas cuyo papel consiste en patrullar el espacio público ante eventuales infracciones. Rabbi Arthur Hertzberg, un respetado clérigo liberal estadounidense, dijo en una ocasión que el sionismo era la religión secular de la comunidad judía estadounidense. Numerosas organizaciones judías dirigen hospitales, museos e institutos de investigación en beneficio de todo el país. Por desgracia, estas nobles iniciativas públicas coexisten con otras, de lo más mezquino e inhumano. Por citar un ejemplo reciente, la Zionist Organisation of America (ZOA), un pequeño pero ruidoso grupo de fanáticos, publicó un anuncio de

---

[1] En la actualidad Indyk ha sido rehabilitado en todas sus funciones.

pago en *The New York Times* del 10 de septiembre de 2000 en el que se dirigía a Barak como si éste fuera su empleado, recordándole, en caso de que decidiera negociar el status de Jerusalén, que los 6 millones de judíos estadounidenses superan en número a los 5 millones de israelíes. El lenguaje del anuncio era explícitamente amenazador, pues reprendía al primer ministro israelí por proyectar acciones abominables para los judíos estadounidenses. La ZOA cree que tiene derecho a intervenir en los asuntos de todo el mundo. Sus partidarios suelen escribir o llamar por teléfono al presidente de mi universidad para pedirle que me despida o me censure por algo que he dicho, como si las universidades fueran guarderías y los profesores hubieran de ser tratados como delincuentes menores de edad. El año pasado organizaron una campaña para echarme de mi cargo electo de presidente de la Modern Language Association, cuyos 30.000 miembros fueron sermoneados por la ZOA como si fueran imbéciles.

En una vena parecida, opinadores profesionales judíos de derechas como Norman Podhoretz, Charles Krauthammer y William Kristol –por citar sólo a algunos de los propagandistas más estridentes– no han vacilado en expresar su disgusto ante la perspectiva de cualquier tipo de concesiones a los palestinos, por muy débiles o falsas que sean, por parte de Israel. El tono de estos autoproclamados guardianes del sionismo es una combinación de arrogancia descarada, mojigatería moral y zalamera hipocresía. Los israelíes más sensatos les miran con repugnancia. Describir sus diatribas como maldiciones del Antiguo Testamento sería un insulto a los profetas. Pero su implacable griterío, que criminaliza constantemente el apoyo a la resistencia palestina contra Israel, puede contar con las mejores cartas ideológicas para ganar en Estados Unidos. Para un sionismo totalitario, toda crítica a Israel es una muestra del más redomado antisemitismo. Si uno no se abstiene, será perseguido como un antisemita digno del más duro oprobio. En la lógica orwelliana del sionismo estadounidense, no es lícito hablar de violencia o de terror judíos cuando se trata de Israel, aunque todo lo que hace Israel lo hace en nombre del pueblo judío, por y para un Estado judío. Ni que decir tiene que, en rigor, el nombre es impropio, ya que casi un quinto de su población no es judía. Son la gente a la que los media denominan «árabes israelíes», como si fueran una especie distinta de «los palestinos». ¿Qué lector o telespectador estadounidense sabría que son el mismo pueblo, dividido sólo por décadas de brutal política sionista, que asigna el *apartheid* a los primeros y la ocupación y la expulsión a los segundos?

Súplicas desdichadas

Sin embargo, lo peor de esta implacable maquinaria de consenso existente en Estados Unidos es la ceguera árabe ante la misma. Cuando la OLP optó, después de la Guerra del Golfo, por seguir el ejemplo de Egipto y Jordania y trabajar lo más estrechamente posible con el gobierno estadounidense, tomó su decisión (como lo hicieran los dos Estados árabes con anterioridad) partiendo de una inmensa ignorancia y de presupuestos harto asombrosamente equivocados. Un alto diplomático egipcio me expresaba, poco después de 1967, lo esencial de sus cálculos: debemos rendirnos, prometiendo no volver a luchar más: aceptaremos a Israel y el papel determinante de Estados Unidos en nuestro futuro. No cabe duda de que si los árabes hubieran continuado luchando tal y como lo venían haciendo históricamente, ello habría conducido verdaderamente a nuevas derrotas y desastres. Pero ni entonces ni hoy el problema consistía en que la única alternativa fuera la de abandonarnos a la merced de Estados Unidos, diciendo, en efecto: ya no opondremos resistencia, dejadnos unirnos a vosotros, pero, por favor, tratadnos bien. La patética esperanza consistía en que si los árabes pregonaban con suficiente insistencia: «No somos vuestros enemigos», serían recibidos como amigos. Olvidaban que la disparidad de poder no había desaparecido. Desde el punto de vista de los poderosos, ¿en qué afecta a la propia estrategia que un adversario debilitado se rinda y declare: «no me quedan razones para luchar, considérame tu aliado, no tienes más que intentar comprenderme un poco mejor y entonces tal vez seas más justo»?

Ante tales súplicas la Administración estadounidense ha de hacer forzosamente oídos sordos. Todos los acuerdos de paz emprendidos con la ilusión de una «alianza» con Estados Unidos no pueden sino confirmar el poder sionista. El sometimiento pusilánime a los designios estadounidenses para Oriente Próximo, tal y como llevan haciendo los árabes durante casi una generación, no traerá paz ni justicia dentro del país, ni igualdad en el extranjero. Desde mediados de la década de 1980 he intentado convencer a la dirección de la OLP y a todo aquel palestino o árabe con el que he podido hablar, de que la búsqueda de un protector en la Casa Blanca es cabalmente una quimera, ya que todos los últimos presidentes han sido devotos partidarios de los objetivos sionistas y que la única forma de cambiar la política estadounidense habría de consistir en una campaña masiva por los derechos humanos de los palestinos, sorteando al establishment sionista y dirigiéndose directamente al pueblo estadounidense. Desinformados, y sin embargo receptivos a los llamamientos a la justicia, los estadounidenses son capaces de reaccionar, tal y como lo hicieron ante la campaña contra el *apartheid* del ANC, modificando en última instancia la relación de fuerzas en el interior de Sudáfrica. James Zoghby, en aquel entonces un enérgico activista de los derechos humanos, fue uno de los inventores de la idea. Después unió su suerte a las de Arafat, el gobierno estadounidense y el Partido Demócrata, abandonándola por completo.

Pero pronto quedó claro que la OLP no tomará este camino bajo ningún concepto. Para ello hay varias razones. Una estrategia de este tipo exige un trabajo político continuo y tenaz. Debe cimentarse en organizaciones democráticas de base. Sólo puede brotar de un movimiento, no de una iniciativa personal de tal o cual dirigente. Finalmente, pero no por ello menos esencial, requiere un auténtico conocimiento de la sociedad estadounidense, en vez de mojigaterías o clichés superficiales. Lo cierto es que en el interior de Estados Unidos existe una vasta corriente de opinión que suele quedarse perpleja ante la espeluznante retórica del sionismo y que sería susceptible de volverse en su contra, siempre que se emprendiera una campaña masiva en los propios Estados Unidos en favor de los derechos humanos, civiles y políticos palestinos. Lo trágico es que los árabes que viven aquí han sido demasiado débiles, demasiado ignorantes y han estado demasiado divididos para montar un movimiento de tal calibre. Pero a menos que el sionismo estadounidense sea arrostrado en su tierra natal, todos las tentativas de diálogo con Estados Unidos o Israel conducirán al mismo catastrófico e infamante resultado.

Los acuerdos de Oslo difícilmente podrían haber sido más elocuentes a este respecto. Las conversaciones de Wye y Camp David trajeron a casa la misma verdad una vez más. ¿En que ha consistido la «generosidad inaudita» de Barak? La promesa hecha en Wye de una restringidísima retirada militar –de tan sólo un 12 por 100 de los territorios ocupados– nunca ha sido cumplida y en la actualidad ha quedado olvidada. En cambio, los medios de comunicación occidentales ensalzan la generosa oferta de Barak del 90 por 100 de Cisjordania a la OLP, a cambio del abandono a su suerte de los refugiados palestinos por parte de ésta. Lo cierto es que Israel no tiene intención de devolver el Gran Jerusalén, que comprende aproximadamente un 5 por 100 de la mejor tierra cisjordana; o los asentamientos judíos, que vienen a ser otro 15 por 100; por no hablar de las carreteras militares o de las áreas todavía sin determinar. La liberalidad del «90 por 100» se refiere a todo lo que queda una vez que descontamos todo lo anterior. Y en lo que respecta al magnífico gesto de estudiar la autoridad compartida sobre Haram al Sharif, lo pasmosamente tramposo del asunto es que todo Jerusalén oeste (principalmente árabe en 1948) ya ha sido concedido por Arafat, más la mayor parte de un Jerusalén Este que ha experimentado un ensanche considerable.

Hoy la vergonzosa farsa del «proceso de paz» se ha venido abajo, al menos temporalmente, en medio de la explosión de rabia popular entre los palestinos que supuestamente deberían mostrar su gratitud por el proceso. Las piedras y las hondas de los jóvenes hastiados de la injusticia y la represión resisten hoy a un destino degradante, que les es impuesto no sólo por los soldados israelíes, armados por Estados Unidos, sino por un pacto con el sionismo que pretende encerrarles en reservas dignas de animales, patrulladas por el aparato de Arafat con la ayuda militar y financiera estadounidense y en abierta colaboración con Shin Bet y la CIA. La función de los acuerdos de Oslo consiste en enjaular a los palestinos en un deshecho de sus propias tierras, como si fueran internos de un manicomio o una cárcel. Lo asombroso no es la revuelta popular contra este diktat, sino que éste haya podido confundirse en algún momento con la paz en vez de la desolación que en efecto ha sido desde el principio. Una dirección palestina vacilante, incapaz de abandonar o de seguir adelante, ha visto cómo todo se le venía encima. Pero todo indica que una nueva generación no se contentará con el lugar despreciable y denigrante que se le asigna en el diseño sionista y continuará rebelándose hasta que consiga cambiarlo definitivamente.

Traducción de Raúl Sánchez Cedillo.

Un Estado contra un pueblo

Alberto Piris

En los análisis del conflicto que enfrenta al Estado de Israel y el pueblo palestino, es difícil, por no decir imposible, aspirar a situarse en un inexistente punto medio, equilibrado entre los dos extremos o, como se dice ahora, «políticamente correcto». Obsérvese que, ya en la primera línea de este texto, se han definido con cuidado las dos partes enfrentadas: un Estado (el de Israel) y un pueblo (el palestino). No luchan entre sí dos Estados ni dos pueblos. Ésta es la primera observación esencial a tener en cuenta para entender lo que viene sucediendo en el extremo oriental de nuestro Mediterráneo.

Por esa razón, en los comentarios siguientes la crítica más dura parecerá siempre dirigida hacia el gobierno israelí, y apenas se hará mención a la errática dirección política de la Autoridad Nacional Palestina, a su corrupción o falta de democracia real, ni a su relativa benevolencia frente al terrorismo suicida. Las razones son numerosas y contundentes, y se irán desarrollando en los textos reproducidos a continuación. Un pueblo cuyo territorio viene siendo ocupado progresivamente por el Estado de Israel y que se ha visto violentamente expulsado de él en varios momentos históricos, que está siendo atacado y humillado, reducido a una evidente condición de inferioridad en su vida cotidiana y en el uso de los recursos naturales de su propia tierra, lucha en condiciones de franca inferioridad contra Israel. Piedras, fusiles o granadas de mortero son las armas que utiliza contra helicópteros lanzamisiles, tanques y vehículos acorazados o cazabombarderos. El Estado militarmente más poderoso de la zona –el único en ella que, además, está en posesión de armas nucleares– se enfren-

ta a un pueblo cuya arma final son los ciudadanos que se inmolan a sí mismos, convertidos en bombas inteligentes, pero ciegas a la hora de sembrar el terror entre el pueblo judío.

Terrorismo de Estado contra terrorismo resistente. También a esto se aludirá más adelante, porque el factor terrorista juega un importante papel en el conflicto desde los mismos orígenes del Estado de Israel. Gracias al terrorismo que los dirigentes sionistas aplicaron contra el Reino Unido, la potencia que asumía el mandato en el territorio, se aceleró el proceso de descolonización, se inició el éxodo de los palestinos y vio la luz el nuevo Estado.

Por último, hay que referirse a la intervención de factores externos. El más importante, los Estados Unidos de América del Norte, en su doble condición de única hiperpotencia mundial y de aliado exclusivo, inveterado y persistente del Gobierno de Israel, en una casi indestructible alianza, fundamentada en el decisivo poder del voto sionista en EE.UU. y del lobby projudío de Washington. Menos peso específico tiene la Unión Europea, pero, aunque sólo fuese por razones geopolíticas, es también un factor ineludible que influye en el curso de los acontecimientos aquí comentados. La ONU también ha jugado un cierto papel, más bien vergonzoso, aunque no era mucho lo que cabía esperar de un organismo internacional de naturaleza oligárquica y manipulado por las potencias, en proporción a su peso específico en el concierto internacional.

I. El marco general del problema

En este capítulo se comentan cuestiones básicas que ayudan a comprender el enfrentamiento actual. No puede menospreciarse el hecho de que lo que comenzó como un sionismo «espiritual» en el siglo XIX derivó pronto hacia un sionismo «político» que hizo aparecer un nuevo Estado en las tierras palestinas. Las cuestiones aquí planteadas dejan poco lugar para el optimismo, respecto a la posibilidad de alcanzar en un plazo razonable la deseada paz en la región.

Un laberinto sin salida

No es preciso recurrir a los manuales de Geopolítica para intuir que es casi imposible alcanzar una solución definitiva para el conflicto que enfrenta a la población palestina y al Estado de Israel, tras la artificial creación de éste dentro de Palestina en 1948.

La sangre que desde entonces se ha vertido en Oriente Próximo por esta causa debe atribuirse en principio a la carta que Lord Balfour, ministro británico de Asuntos Exteriores en 1917, escribió a Rothschild: «El Gobierno de su Majestad mira complacido el establecimiento en Palestina de un hogar nacional para el pueblo judío y no regateará esfuerzos para facilitarlo». La política británica veía en esto un medio para que los judíos apoyasen con más entusiasmo el esfuerzo bélico aliado en la Primera Guerra Mundial y, con su entonces habitual visión naval y colonialista, pretendía crear un Estado amigo en la ruta imperial que conducía a la India, para contribuir a la seguridad de tan importante vía.

El imperio británico se desvaneció, pero no algunos de sus más nocivos efectos. La aberración de inventar un Estado allí donde la geopolítica acumulaba toda clase de obstáculos ha dado desde entonces a la comunidad internacional inmensos quebraderos de cabeza.

Ginzberg, uno de los más eminentes sionistas de principios del siglo XX, había insistido en la imposibilidad de que el pueblo judío en su totalidad pudiera ser asentado en Palestina. Aducía la exigua amplitud del territorio y la existencia de una gran población nativa que no podría ser expulsada de él. (En 1914 había allí menos de 90.000 judíos y más de un millón y medio de palestinos). Consideraba que cabría crear en Palestina un centro cultural judío que sirviera de faro espiritual del sionismo y desde donde pudiera regenerarse la idea religiosa que ayudara al pueblo a reconocer sus raíces, separando esto de la idea territorial.

Pero del sionismo espiritual se derivó pronto hacia el sionismo político y con la partición de Palestina nació Israel, que sobrevive gracias a su capacidad militar, probada en varias contiendas con los vecinos árabes, y al apoyo de EE.UU.

La lucha es inevitable porque gira en torno a un concepto todavía esencial: la soberanía que no se comparte. Oriente Próximo no es Europa, donde los Estados ceden parcelas cada vez mayores de su soberanía. Desde el mundo islámico más radicalizado, la creación de un Estado soberano en territorio árabe se sigue considerando como una aberrante intromisión histórica, que recuerda a las denostadas cruzadas cristianas, y una profanación de sus santos lugares.

Sólo la necesidad de contemporizar con el poderoso mundo occidental y cristiano, dirigido por Washington, hace que los gobernantes árabes refrenen sus impulsos. En Egipto y Jordania, los pueblos se revuelven inquietos, solidarios con los perseguidos palestinos, y los gobiernos se esfuerzan por cumplir con los tratados de paz con Israel.

En el sentir de los pueblos de la zona está la impresión de que la violencia es el único medio que produce resultados en este largo conflicto. Un columnista judío escribía: «Todos los avances de Israel hacia la paz, y en especial todas sus concesiones, sólo se han producido tras unos ciclos de violencia especialmente dolorosos». Y muchos palestinos piensan que no hay marcha atrás y que «la Intifada de Al Aqsa» (la que se inició en la explanada de las mezquitas) es el único modo de lograr que Israel cumpla las resoluciones de la ONU y ceda a las demandas de la población sometida.

No debe olvidarse que apenas hace un decenio, cuando comenzaron las conversaciones para la paz, Israel se negaba a reconocer el derecho del pueblo palestino a sentarse en la mesa de negociaciones. El mismo pueblo que había sido arrojado al éxodo y a la desesperación desde que se izó en Tel Aviv la nueva bandera de Israel.

Los problemas más importantes no se resolvieron ni en Oslo ni en Camp David: se dejaron para después. Tras lo ocurrido en las últimas semanas es inconcebible pensar que los asentamientos judíos podrán convivir en paz bajo la soberanía del futuro Estado palestino sin protección militar israelí. Ni que la numerosa población árabe de Israel siga siendo testigo mudo del conflicto, sin solidarizarse con las demandas palestinas.

Israel y Palestina (sea o no ésta Estado independiente) mantendrán un enfrentamiento continuado de difícil, si no imposible, resolución. No hay salida al laberinto en que Israel, desde un principio, encerró al pueblo palestino. Se ha llamado a esta situación «paz fría». Es el máximo al que pueden aspirar los esfuerzos de la comunidad internacional en un conflicto consustancial con la estructura geopolítica de la zona. No hay condiciones para alcanzar la verdadera paz.

Sangrientas paradojas israelíes

Algunas de las más chocantes paradojas de la actual política israelí podrían ser motivo de chanza si no estuvieran causando, día a día, la muerte del pueblo palestino e incrementando sus sufrimientos hasta la exasperación. Quizá la más hiriente sea exigir a la Policía palestina la eficaz desarticulación de los terroristas que operan en los territorios situados bajo la autoridad de Arafat y que, a la vez, el Ejército israelí se dedique a la destrucción sistemática de sus instalaciones y al asesinato de sus agentes, como viene ocurriendo contínuamente.

En el mismo orden de cosas, el Gobierno israelí insta a Arafat a que ejerza su autoridad para extirpar el terrorismo palestino y, a la par, la socava todo lo posible. Uno de los negociadores palestinos lo expresaba recientemente de modo gráfico: «Los judíos le han atado las manos [a Arafat], le han hundido la cabeza bajo el agua y, cuando está ahogándose, se quejan de que no tienen un interlocutor válido para el proceso de paz». Los bombardeos de los símbolos de la Autoridad Palestina así lo han puesto de manifiesto. A la devastación material hay que añadir lo que de humillación ha supuesto destruir los helicópteros personales de Arafat para limitar su capacidad de movimiento. La pista del aeropuerto internacional de Gaza, símbolo de las aspiraciones nacionales palestinas, ha sido inutilizada por las excavadoras israelíes.

Han rizado el rizo de la más ofensiva hipocresía las declaraciones de Ariel Sharon al comparar a la Autoridad Palestina con el régimen talibán de Afganistán, acusando por igual a ambos de amparar y apoyar el terrorismo. Dejando aparte el hecho de que Sharon es quien aprueba y dirige el terrorismo de Estado ejercido por Israel contra el pueblo palestino –con el beneplácito apenas disimulado de Washington–, conviene recordar que el jefe del Gobierno israelí está él mismo acusado de haber violado los más elementales derechos humanos en los salvajes asesinatos colectivos de los campos de refugiados palestinos en Líbano, y que no podría pisar territorio belga porque allí le reclama la justicia por esa causa. No obstante, sus esfuerzos por desacreditar a Arafat no parecen haber dado el resultado por él deseado y aquél sigue siendo recibido todavía por los gobernantes de casi todo el mundo.

Pero bajo estas paradójicas incongruencias se advierten unas tendencias significativas y bastante peligrosas. La extrema derecha israelí parece haber llegado a la conclusión de que lo único que resolvería el problema, de una vez por todas, sería la desaparición total del pueblo palestino. Incapaz de poder someterlo a una reedición del Holocausto que sufrieron sus antepasados, se está buscando aplicar la fórmula de «divide y vencerás». Si se eliminase a Arafat, y con él la Autoridad Nacional Palestina, el Gobierno de Israel podría imponerse mejor a unos grupos palestinos aislados geográficamente en zonas poco o mal comunicadas entre sí. Ya existen planes para disgregar aún más el crítico mosaico territorial palestino. Otra alternativa que se considera es la posibilidad de que la caída de Arafat desencadene luchas internas para su sucesión, lo que también dividiría a los palestinos y haría perder fuerza a la Intifada.

Incluso un aumento de la influencia de Hamás o de la Yihad Islámica, como consecuencia de la desaparición de Arafat, con el aumento de violencia que eso pudiera implicar, haría más justificable ante la opinión internacional una represión aún más dura y la fragmentación definitiva, unida a nuevas expulsiones, de los ya desarticulados palestinos. Más asentamientos en territorio palestino, más derribos de viviendas árabes y más familias desarraigadas, más muerte y represión, son imágenes que la extrema derecha israelí y sus miembros más fanáticos —presentes en el Gobierno— parecen aceptar como necesarias para el futuro del Gran Israel que siguen añorando.

Una guerra civil palestina sería el mejor regalo para el Likud y los más extremistas sectores judíos. Más de un año de Intifada, de bloqueo casi permanente de los territorios palestinos, de asesinatos selectivos y muerte indiscriminada de inocentes, de violencia y opresión han creado en la sociedad palestina tal nivel de tensión que en cualquier momento podría estallar una guerra civil que desangre, para muchos decenios, al pueblo palestino. Ariel Sharon y sus colaboradores inmediatos se frotarían las manos y no desaprovecharían la ocasión.

A pesar de tan desalentador panorama, es necesario seguir pensando en la única fórmula que podría traer la paz. Por parte de Israel, la supresión de los asentamientos y la devolución de los territorios ocupados. Del lado palestino, la aceptación práctica —no solo teórica— de la realidad del Estado judío. Y, por ambas partes, el esfuerzo conjunto para crear vínculos de entendimiento comercial y económico entre judíos y árabes en toda la región. La sangre se ha derramado abundantemente sobre los planes de paz y los ha emborronado. Mucho habrá que esperar hasta que se seque y puedan reactivarse de nuevo.

Las nuevas fosas comunes

Sólo la ingenua prepotencia que se advierte en muchas de sus declaraciones públicas, muy lejos de una ironía más elaborada que no está al alcance de tan simple inteligencia, pudo inducir a Bush a llamar a Sharon «hombre de paz». Pero lo hizo, y todo el mundo lo escuchó. Algunos, aquiescentes. Otros, boquiabiertos. Los más, indignados.

Escribía Edward Said que Israel se ha autoconferido el derecho de hacer lo que quiere, de «aniquilar la vida civil palestina, con la mayor cantidad posible de daño, destrucción gratuita, muerte, humillación, vandalismo y violencia abrumadora y sin sentido. Ningún otro Estado en el mundo habría podido haber hecho lo mismo que Israel y contar con la aprobación y el apoyo de Estados Unidos».

Por eso resulta aberrante que la opinión pública mundial, casi sin excepciones, haya llegado a considerar a EE.UU. como el único posible árbitro del conflicto, cuando Washington es responsable indirecto de todas las atrocidades que Sharon ha cometido en su ensañamiento contra el pueblo palestino. Ahora y en el pasado. Pero el hecho de ser la única hiperpotencia mundial parece autorizarle a ser juez y parte en el mismo sangriento conflicto. Un contrasentido más en esta carrera de despropósitos que estamos obligados a seguir.

Said desvela el objetivo estratégico de Sharon: «quiere llegar a la "solución final": acabar con los palestinos, obligarles a abandonar sus tierras para ocupar su nación en busca de una quimera: sustituir a Palestina por Jordania, para asentar a los colonos judíos traídos del fin del mundo en el Gran Israel, rechazado por las mentes más sanas, más juiciosas y equilibradas del pueblo judío en los cuatro puntos cardinales». Sólo teniendo esto presente se puede comprender el desarrollo actual de los acontecimientos.

Es hipócrita sostener que Israel lucha por su existencia, como se afirma desde Washington. ¿Acaso las piedras de la Intifada o los fusiles y armas ligeras de que están provistos los palestinos tienen algo que hacer frente al enorme potencial militar judío? ¿Es que pueden poner en peligro la supervivencia del Estado sionista? Israel sigue recibiendo armas de EE.UU., mientras que los palestinos no pueden rearmarse; los medios de comunicación montaron un gran escándalo cuando hace unos meses se descubrió un barco con armas para Arafat.

La más elemental táctica de combate del arma acorazada considera casi un suicidio penetrar alegremente en poblados que pueden convertirse en ratoneras para los tanques y blindados, a nada que el defensor disponga de algunas minas o armas contracarro portátiles. Ni un solo vehículo acorazado de los que durante estos días han servido para arrasar los poblados palestinos ha sido destruido, lo que indica la carencia casi total de defensas contracarro. La debilidad militar palestina que esto revela hace que no pueda hablarse de guerra, sino de una operación de castigo, brutal y desproporcionada.

¿Es que lucha Israel por su existencia a causa de los terroristas suicidas? Hay que repetir que la muerte de judíos inocentes como consecuencia de sus acciones es algo repulsivo. Pero también es necesario recordar, como afirma Saramago, que «...a Israel le queda aún mucho que aprender si no es capaz de entender las razones que pueden llevar a un ser humano a transformarse en una bomba». La desesperación extrema a la que Israel viene sometiendo al pueblo palestino tiene mucho que ver con el terrorismo suicida que, a la vez, destruye periódicamente los débiles fundamentos de cualquier proceso de paz.

Merece la pena repasar las reflexiones hechas a la BBC por un soldado reservista israelí, movilizado para estas operaciones: «¿Cómo se puede destruir la infraestructura terrorista? Podemos quitarles las armas y eliminar a los terroristas, pero la infraestructura continúa en los corazones del pueblo y de ahí no puede desarraigarse... Me odian, no personalmente, sino por ser un soldado israelí... El pueblo palestino no es rehén de los terroristas, sino que simpatiza con ellos. Cree que ayudarán a su causa nacional... Lo más terrible es entrar en sus casas y ver que son familias corrientes. Los niños nos miran asustados con sus ojos atónitos. Lo encuentro muy duro. Todos tenemos niños en casa...».

Pero las vidas palestinas no cuentan. La percepción personal del reservista, que por un momento ve seres humanos donde Sharon sólo ve terroristas a destruir, se desvanece entre el fragor de los disparos y el odio ya arraigado. No en vano el soldado pertenece a las Fuerzas de Defensa de Israel, Estado del que Said recuerda que «es hoy el único del mundo que nunca ha tenido unas fronteras fijadas internacionalmente; el único Estado que no es Estado de sus ciudadanos, sino de todo el pueblo judío; el único Estado en el que más del 90 por 100 de la tierra está en fideicomiso para uso exclusivo del pueblo judío. Si pensamos que, además, es el único Estado que nunca ha reconocido ninguna de las grandes disposiciones del derecho internacional, ello nos indica hasta qué punto es profundo y espinoso el rechazo absoluto con el que se han encontrado los palestinos».

La muerte reina en Palestina. El «hombre de paz» que gobierna Israel ha vuelto contra los palestinos el furor destructivo que un día Hitler asestó contra su propio pueblo. Con otras fórmulas, a otra escala, por otros motivos, hoy, otra vez, la fuerza bruta se desencadena contra todo un pueblo. Y el mundo contempla, avergonzado y culpable, las nuevas fosas comunes.

II. Las armas de la violencia

El territorio palestino-israelí es, quizá, el campo de experimentación de las teorías de resolución de los conflictos donde más ha fracasado la solución no violenta. Pero no todas las armas necesitan recurrir a los explosivos, proyectiles, minas y demás ingenios que ha diseñado la prolífica creatividad humana en el terreno de la muerte y la destrucción. La sistemática recolonización de las tierras de las que se expulsa al enemigo es un arma de efectos más eficaces que cualquier ingenio kilotónico.

Israel se rearma

Una guerra abierta entre Israel y los países árabes, al estilo de la de 1973, perjudicaría tanto a las dos partes enfrentadas en el actual conflicto que, dentro de unos mínimos parámetros de racionalidad, no parece encajar en la previsible evolución de los acontecimientos en Oriente Próximo. Pero tampoco era razonable esperar que las potencias europeas se enzarzaran en 1914 en una sangrienta guerra que en gran medida las destruiría, y eso fue lo que ocurrió a partir de un hecho no en exceso imprevisible, como fue el asesinato en Sarajevo del heredero del Imperio Austríaco.

Sea cual sea el curso de los acontecimientos, es comprobable que Israel está procediendo a un notable incremento de sus capacidades bélicas, como si la hipótesis arriba apuntada fuera cada vez más probable. Ha sido muy significativa la reciente y apresurada llegada a puerto israelí del *Tekuma*, último de una serie de tres nuevos submarinos *Delfín*, construidos en Alemania, donde también ha sido adiestrada su tripulación.

Las fuerzas navales de los dos principales países árabes de la zona, Egipto y Siria, ni siquiera merecerían ser tenidas en cuenta por el mando estratégico israelí. Cuatro viejos submarinos apenas modernizados posee el primero y la escuálida flota submarina siria ni siquiera está operativa. Sus flotas de superficie tampoco constituyen amenaza digna de mención. Así pues, no parecería necesario para Tel Aviv hacerse con tal refuerzo naval si no fuera porque prevé utilizar esas armas contra los territorios árabes que le rodean más que contra las flotas de sus posibles enemigos.

No se trata de submarinos comparables con el que, tras hundirse en el mar de Barents, ha venido ocupando los titulares de los periódicos. Ni siquiera con el que ha conseguido irritar a las poblaciones del Campo de Gibraltar, porque los submarinos israelíes son propulsados por motores diesel, no nucleares. Su tripulación de 35 individuos puede operar en alta mar durante un mes, como máximo; su armamento original consiste en torpedos y misiles contrabuque.

Pero aquí es donde surge la preocupación, porque ese armamento, previsto sólo para la habitual misión naval de protección de rutas de navegación y seguridad en las aguas territoriales, puede modificarse por otro mucho más ofensivo y desestabilizador. Se sabe que Israel proyectaba dotar a estos submarinos de armas de ataque nuclear contra objetivos terrestres. Para eso le basta con sustituir los misiles contrabuque, suministrados por Estados Unidos, por otros misiles dotados con explosivo nuclear y construidos en Israel. Cada submarino podría armar cinco de éstos, con un alcance de unos 150 kilómetros, lo que podría poner en peligro importantes zonas fronterizas de Egipto y Siria, además del territorio de Líbano.

Por si lo anterior no bastara, existen también noticias que apuntan a que Israel puede poseer algunos misiles de crucero tipo *Tomahawk*, cuyo alcance es muy superior y capaces de batir en profundidad a todos los vecinos árabes de Israel. Oficialmente, al menos, EE.UU. niega su voluntad de poner en manos de Israel un arma tan ofensiva, pero hay sobrados indicios de que, de no ser así, Israel ha podido desarrollar ya misiles propios de características muy parecidas, alguno de los cuales ha sido probado en el Océano Índico en la pasada primavera.

Todo indica que Israel busca garantizar su capacidad de represalia nuclear, incluso después de que, en un caso sumamente hipotético e improbable, una o varias acciones de ataque contra sus instalaciones de misiles nucleares lanzados desde tierra los dejaran inservibles o limitaran su capacidad de acción. Es lo que, durante los largos decenios de la guerra fría, se ha venido llamando «capacidad de segunda respuesta». Por esto se entiende la facultad de asegurar a un posible enemigo su destrucción nuclear, aunque antes se hubiese sufrido un ataque imprevisto que hubiera inutilizado las armas nucleares de «ataque inicial».

La estrategia israelí siempre ha considerado que el enemigo previsible está constituido por los países árabes vecinos. Se basa en una fuerte disuasión –respaldada por las armas nucleares– y en una demoledora capacidad de ataque inicial.

Son los mismos elementos que mantuvieron al mundo bajo la amenaza del holocausto nuclear. Incapaz de resolver por su cuenta el problema geopolítico que supuso la artificial creación de Israel en el seno de una Palestina que vio morir y emigrar a sus hijos, basando su razón en la fuerza, ignorando sistemáticamente las resoluciones de Naciones Unidas, Israel sigue siendo el origen del principal conflicto que pone en peligro una zona tan crítica como Oriente Próximo.

La permanente militarización no conduce a su resolución y sólo fomenta los extremismos en ambas partes. De momento, no se ve la luz al final de un túnel tortuoso y sembrado de trampas.

El arma decisiva de Israel

Es variada la panoplia de armas con las que Israel mantiene militarmente la ocupación de los territorios de lo que antes de 1948 fuera Palestina. Muchos medios de comunicación, aun parcos en exponer el arsenal bélico de los judíos para no dañar más el desgastado mito de David y Goliat, las han mostrado recientemente. La represión de la Intifada, en las pasadas semanas, ha sacado a la luz los principales sistemas de armas aeroterrestres de moderna factura, en forma de misiles, aviación, carros de combate y artillería. Las armas nucleares, de las que también está dotado Israel –violando los tratados internacionales a ellas relativos–, de poco sirven en el actual conflicto, pero en la sombra siguen ocupando el papel resolutivo de *última ratio regum* en la explosiva zona de Oriente Próximo.

Sin embargo, el arma decisiva para vencer la resistencia palestina no es ninguna de las ya mencionadas. Se empezó a proyectar tras la guerra árabe-israelí de 1967, cuando Israel ocupó Cisjordania y Gaza, territorios antes pertenecientes, respectivamente, a Jordania y Egipto, y se diseñó en el seno de un movimiento sionista llamado Gush Emunim, el Bloque de los Fieles. Consistía en recurrir a la demografía y poblar, mediante la instalación incesante de nuevas colonias, los territorios arrebatados por las armas a sus anteriores poseedores. Los ahora denominados «asentamientos» judíos en el interior de Gaza y Cisjordania se están revelando como el arma resolutiva en manos de Israel en su conflicto con la población palestina.

El manejo de las distintas armas implica siempre el desarrollo de una moral específica: la moral del combatiente que las utiliza. No es la misma cuando se combate a bordo de un submarino que cuando se forma parte de un pelotón de infantería. También esto se aplica a los habitantes de los asentamientos, que se consideran los verdaderos héroes del sionismo, la vanguardia del regreso judío a la tierra prometida, a Judea y Samaria. De hecho, los pobladores de los asentamientos constituyen en su gran mayoría un sector extremista de la población judía, para los que el vivir rodeados de un pueblo hostil obliga a apoyarse en un fanatismo religioso y político que ellos alimentan y hacen crecer incesantemente.

Los hechos son irrefutables. Los 145 asentamientos que se incrustan en los dos territorios que controla la autonomía palestina violan los convenios internacionales que impiden la colonización estable de tierras ocupadas durante una guerra. Desde los acuerdos de paz de Oslo de 1993, la población insertada ha aumentado desde 125.000 hasta 200.000, sin contar otros 200.000 judíos que ocupan once asentamientos situados en Jerusalén Oriental, cuya ocupación por Israel también es considerada ilegal por Naciones Unidas. Según fuentes israelíes, en este mismo periodo se han construido casi 40.000 viviendas nuevas en suelo palestino.

Contribuye aún más a ahondar el odio y el recelo de la población palestina el hecho de que muchos de esos asentamientos, modernos y bien equipados, están a muy corta distancia de los campos de refugiados palestinos, donde éstos viven en condiciones miserables en su propio país. Muchos efectivos militares israelíes se dedican en exclusiva a la protección de las colonias judías, cuyas vías de comunicación trazan una telaraña que perturba la vida de los palestinos, al establecer rígidas limitaciones a sus desplazamientos.

El Informe Mitchell ha detectado con precisión la importancia de esta cuestión: «Será muy difícil que cese la violencia entre palestinos e israelíes a menos que Israel detenga totalmente la construcción de nuevos asentamientos». A esta proposición respondió Sharon afirmando que los asentamientos seguirán creciendo al ritmo que se estima natural, a la vez que desde el gobierno palestino se ha declarado que los asentamientos son una bomba de relojería y que mientras existan en la tierra palestina ocupada «proseguirán la resistencia y los levantamientos».

La escritora norteamericana Susan Sontag, en su visita a Israel para recibir uno de los más importantes premios literarios de este país, fue todavía más allá y manifestó públicamente que no podría haber paz hasta que no se desmantelasen todos los asentamientos. Éste es ahora el punto más difícil de cualquier negociación entre las partes enfrentadas. Ocurre así porque los asentamientos constituyen el arma más decisiva en manos de Israel, ya que le permite fragmentar, con más eficacia que ningún artefacto nuclear, la contigüidad territorial de cualquier esbozo de futuro Estado palestino y hacerlo inviable en la práctica.

III. El factor terrorista

Hay conceptos que alcanzan tan elevado grado de polarización, que hunden sus raíces tan profundamente en el corazón de los seres humanos, que difícilmente llegan a ser abordados y planteados con la necesaria frialdad y el conveniente distanciamiento personal, para tratarlos con una mínima racionalidad. El terrorismo es uno de ellos. Sobre todo, después de que hiciese sentir sus letales efectos en las dos capitales, económica y política, del moderno imperio. Sin embargo, como se verá en los textos que se incluyen a continuación, es necesario valorar en sus justos términos la influencia de este factor. Lejos de la paranoia norteamericana, en su irreal e imposible «guerra contra el terror» (el pretexto ideal para reforzar una decadente industria del armamento y para consolidar a un presidente irregularmente elegido, entre otras cosas), el terrorismo, como instrumento político, encuentra un lugar del que no podrá ser arrancado simplemente por la fuerza de las armas ni utilizando burdos tópicos para desacreditarlo. Hará falta una imaginación política que no se advierte en la Casa Blanca ni en ningún otro gobierno.

Terrorismo XXI

Dos bombas terroristas, instaladas el primer día del siglo XXI en dos ciudades situadas en extremos opuestos del Mediterráneo (Sevilla y Tel Aviv) podrían hacer pensar que el viejo *Mare Nostrum* sigue siendo el escenario de graves conflictos de muy difícil resolución. No afecta a lo que aquí se considera el hecho de que los explosivos de la capital andaluza no llegaran a alcanzar sus macabros propósitos, ni que los conflictos que se desarrollan en el País Vasco y en Israel sean de muy distinta naturaleza y de casi imposible comparación entre sí.

El hecho es que el terrorismo como instrumento político está bien vivo y activo al comenzar el nuevo siglo. Asesinatos, torturas y secuestros, bombas y explosiones en núcleos urbanos, acciones todas ellas ejecutadas para infundir el terror en quienes las contemplan desde fuera y el odio y el rencor en quienes las sufren directamente, son el pan nuestro de cada día. No sólo en los países que bordean el viejo mar interior, que tanta conflictividad han conocido a lo largo de la Historia, sino en toda la superficie del planeta. Desde Colombia a Indonesia y desde Moscú a Filipinas, por motivos políticos, étnicos, religiosos o culturales, hay quienes siguen pensando que la eliminación violenta del adversario político o del que no comparte las mismas ideas o aspiraciones es la vía más eficaz para alcanzar los objetivos propuestos.

Bien es verdad que esta forma de pensar tiene honda tradición en la humanidad, incluso entre sus sectores más refinados y cultos. Hasta la institución creada sobre la palabra del amor al prójimo que predicó el profeta de Nazaret, la Iglesia de Roma, instituyó y manejó con eficacia instrumentos de muerte y tortura para acallar la voz de los discrepantes, aterrorizar a sus posibles seguidores y mantener incólume lo que se tenía como dogma de fe y suprema referencia y guía para todos los fieles. Si quienes se decían únicos portavoces legítimos del Ser todopoderoso e infalible recurrían a prácticas tan repugnantes, no es de extrañar que otros fanáticos de la raza, la nación, la superstición, o simplemente enemigos políticos del orden existente, sustituyan el razonamiento y el diálogo por el coche-bomba. Algunos de ellos, además, al contrario de los cultos inquisidores eclesiales del pasado, son analfabetos política y culturalmente. No por ello menos culpables.

El siglo XIX vio a la humanidad esforzarse por rechazar la esclavitud, que hasta entonces había sido una institución social profundamente arraigada en los usos y costumbres de muchos pueblos, incluso tenidos por civilizados y modernos. El siglo XX destruyó definitivamente la sujeción colonial de unos pueblos por otros y su explotación violenta, cosas ambas que habían sido consideradas obligadas e incluso beneficiosas para los colonizados. ¿Será el siglo XXI el que cree, de una vez para siempre, los instrumentos definitivos que permitan arrinconar la extendida lacra del terrorismo?

Éste, junto con la guerra como fenómeno social al servicio de la política, son quizá las dos principales plagas que acompañan todavía la trayectoria del desarrollo humano. Cualquier esperanza de una humanidad más evolucionada, lo que el acelerado desarrollo científico y tecnológico permite imaginar, se deshace como un sueño evanescente en cuanto se reflexiona sobre el atraso cultural que supone el habitual recurso a las armas y a la muerte para destruir al que no piensa o actúa del mismo modo.

En torno al terrorismo

El terrorismo está de moda. Es palabra que no se descuelga de los labios de los políticos, en España y en todo el mundo. Ya se sabe que cuando una palabra pasa a formar parte de la discusión cotidiana y, lo que es peor, de la esgrima verbal de la política, corre el peligro de emborronar su significado inicial, si es que éste alguna vez ha estado claro. En España, además, se ha superpuesto el nuevo concepto internacionalizado de terrorismo, *made in USA*, producto de los atentados del 11 de Septiembre, sobre un concepto anterior, elaborado sobre todo como consecuencia de la prolongada actividad terrorista de ETA.

Así pues, el embrollo que se aprecia en muchos medios de opinión pública (tertulias, prensa, comentaristas) sólo contribuye a aumentar la confusión del ciudadano que desea informarse sobre tan grave problema.

De ahí que sea aconsejable precisar algunas cuestiones en torno a cuestión tan compleja. Convendría empezar eliminando algunos prejuicios que impiden analizar con objetividad el asunto.

Los terroristas no son, por lo general, unos seres anómalos, de patológica constitución psíquica, arrastrados por invencibles tendencias criminales y destructivas, como alguna propaganda pretende hacernos creer. Por el contrario, su actividad se rige por una ideología –política, religiosa o cultural– gracias a la cual, como cita el profesor Luis de la Corte en su reciente análisis «Los resortes del terrorismo» (*Papeles de Cuestiones Internacionales,* n.º 76, invierno 2001-2002), se ven a sí mismos como «agentes morales, héroes de su nación, su clase o su raza, o servidores de su dios». Es importante resaltar esto porque lo primero que se requiere para derrotar a un enemigo es conocerlo bien y no simplemente demonizarlo para odiarlo mejor.

Como casi todas las actividades regidas por una ideología, el terrorismo suele acabar por perder el contacto con la realidad, olvida o distorsiona las causas iniciales que lo propiciaron y comete brutales errores estratégicos o tácticos. Esto se debe a que las organizaciones terroristas muy a menudo acaban guiadas sólo por el principio de su propia supervivencia, actuando en un círculo cerrado y aisladas de la causa a la que creen servir o desviadas de los principios que inicialmente las alumbraron. Entonces, la disciplina interna, la mentalización forzosa y los fuertes lazos que crea la clandestinidad las pueden convertir en temibles máquinas destructivas y asesinas, aunque ajenas a cualquier finalidad inteligible.

Y es que el terrorismo también tiene finalidades o propósitos, y funciona como una estrategia para alcanzar objetivos políticos o sociales, por encima de la destrucción y la muerte que causa. Ignorar esto es otro grave error. Como he escrito ya con anterioridad: «...Hay que repetir, cansadamente, que el terrorismo no se suprime eliminando y matando a sus agentes activos, sino erradicando las causas económicas, sociales, políticas y de todo tipo en las que hunde sus raíces». Es decir, no se trata de resolver un simple problema criminal o delictivo, sin otras vinculaciones: es preciso ir algo más allá. Hay que combinar la indispensable acción policial o militar con un análisis objetivo de las raíces que lo alimentan.

Aquí es necesario hacer una importante precisión. Saber que todo terrorismo tiene unas causas objetivas de las que recibe su primer impulso y, en ocasiones, se alimenta perdurablemente, no equivale a justificarlo o apoyarlo. Sólo la obcecación y la psicosis producidas por los atentados del pasado 11-S pueden hacer pensar que insistir en comprender los conflictos previos que generan y alimentan el terrorismo equivale a defenderlo. Aparte el hecho de que bastantes terrorismos actuales se aplican a conflictos abordables por otras vías no violentas de resolución y no pueden acogerse al habitual argumento de que no existen alternativas a la acción terrorista.

A lo anterior habría que añadir que todo terrorismo requiere una base popular y acaba extinguiéndose cuando ésta desaparece. La violencia policial o militar nunca es suficiente para destruir ese apoyo, a menos de provocar un genocidio o derivar hacia los terrenos de la tiranía asesina. Incluso así, las ideas —y más si están apoyadas en el fanatismo inherente a ciertas pautas culturales— pueden sobrevivir y reproducirse con más fuerza en generaciones futuras, reabriendo un problema que nunca llegó a resolverse del todo.

Lo hasta aquí comentado se complica bastante si, además, se considera el hecho innegable de que las actividades terroristas también pueden ser ejecutadas por los propios estados. El terrorismo de Estado en la República Sudafricana del extinto régimen racista está ampliamente documentado en innumerables y estremecedores documentos que permiten extraer conclusiones bastante generales sobre este fenómeno. Y es probable que alguna vez se conozcan más detalles del terror que los GAL pretendieron extender entre la población del país vascofrancés. No hay que olvidar que algunos de los estados que han practicado el terrorismo han sido apoyados a veces por los mismos países que hoy se empeñan en la «cruzada antiterrorista» que se predica desde Washington.

La lucha contra el terrorismo no debe llevarse a cabo sirviéndose de otros terrorismos. Sin excluir la necesaria violencia policial —y, en su caso, militar—, habrá que apoyarla sobre todo en un esfuerzo continuado por alcanzar una mínima justicia social; por eliminar o aliviar las causas de opresión de los pueblos; promover la democracia y el respeto real —no sólo verbal o retórico— de los derechos humanos y no aplicar distintos criterios y medidas en función del simple interés económico o comercial que ofrecen unos u otros estados.

Tolerar a un país con un gobierno intolerante, porque posee los deseados recursos petrolíferos; apoyar un cierto terrorismo porque ayuda a alcanzar algunos objetivos inmediatos y a poner en dificultades a un rival; cerrar los ojos ante una impresentable dictadura porque asegura una pretendida estabilidad en la zona... son todos ellos casos reales comprobados en el pasado y que han servido para alimentar los terrorismos del presente. Alguna vez habrá que aprender la lección.

El terrorismo sionista

Un índice de la esquizofrenia norteamericana respecto al problema palestino es que el presidente Bush exigiera a Arafat que «haga más para detener los ataques terroristas». Con ese estilo vulgar que tanto gusta a sus electores, aclaró: «Tiene que trabajar mejor para que su gente no vaya a Israel a hacer volar por los aires a personas inocentes». Lo más sorprendente es que lo manifestó en un momento en el que todos habíamos podido contemplar al acorralado presidente de la Autoridad Palestina hablando desde un rincón de su residencia oficial, con un teléfono móvil cuya batería se estaba agotando, alumbrado por la luz de una desfalleciente linterna y privado de agua, electricidad y, lo que es peor, de todos los resortes ejecutivos que su cargo requeriría. Despojado de los instrumentos del poder real ¿qué decisiones eficaces podría tomar?

Por el contrario, convertido en símbolo de la injusta y salvaje opresión que el ocupante Estado de Israel ejerce contra el pueblo palestino, ni Sharon ni Bush parecen percibir que Arafat se convirtió en fuente de inspiración para el terrorismo suicida, la última arma de los desesperados y frente a la cual poco pueden hacer los tanques israelíes reinvadiendo los territorios de la Autoridad Palestina.

Si de lo que allí está ocurriendo fuera responsable un Estado mal visto desde Washington (como Corea del Norte, Irak, Libia, etc.), hace tiempo que habrían resonado tambores de guerra, tanto en el Pentágono como en el Consejo de Seguridad de la ONU. Otras «tormentas del desierto» se habrían desencadenado contra un Estado que, con métodos y medios terroristas, comete a diario delitos que pueden considerarse crímenes contra la humanidad. Aniquila a un pueblo, ocupa sus territorios contraviniendo las resoluciones de la ONU y ejerce el terror contra los palestinos, destruyendo sus recursos, demoliendo sus viviendas y privándoles de su derecho a una vida normal. Pero se trata del estado sionista de Israel, creación artificial de las potencias occidentales tras la II Guerra Mundial, y todos los políticos norteamericanos saben el enorme peso que el voto projudío tiene en su país.

No solo en EE.UU. Fue sonrojante escuchar al presidente de turno de la UE, al dirigirse a la cumbre árabe de Beirut, expresar su rechazo «tanto del terrorismo como de la violencia injustificada» en Palestina. Es inaceptable una calificación que solo llama terrorismo a las acciones desesperadas de los palestinos y que se limita a juzgar como «violencia injustificada» el terrorismo de Estado israelí.

De acuerdo con las más comunes definiciones de lo que es terrorismo, éste se viene practicando por las dos partes enfrentadas. Con la diferencia de que una de ellas cuenta con todo el poder de un Estado militarizado –poseedor de armas nucleares– y la otra utiliza como armas los cuerpos de sus más fanáticos suicidas, carente hasta de un simple lanzagranadas contracarro que pudiera frenar la brutal agresión de un solo tanque israelí.

A todos los que últimamente han teorizado sobre el terrorismo, tras los atentados del 11-S, lo que ahora sucede en Israel debería hacerles entrar en razón y admitir que es falso que todos los terrorismos sean idénticos. Uno es el terrorismo de los pueblos oprimidos, y otro, que no le va a la zaga en violencia, es el terrorismo de los Estados. Dentro de los terrorismos del primer grupo, además, hay que distinguir, al menos, entre aquellos que han perdido las razones que inicialmente les hicieron nacer y buscan perpetuarse –como el de ETA– y los que –como el palestino– han sido arrastrados al límite de la desesperación que impulsa a los suicidas, porque se les cierran todas las vías de resolución del conflicto.

El fracaso de EE.UU. empieza a ser notorio. Ni su vicepresidente ni su secretario de Estado han sido capaces de alumbrar un atisbo de esperanza. La cumbre árabe de Beirut, para más desconcierto, tendió una mano a Sadam Husein, desafiando a Washington. El enviado especial de EE.UU., el general Zinni, mostró su impotencia para sentar en una misma mesa a palestinos e israelíes. Cada vez son más los analistas de relaciones internacionales que observan que EE.UU. carece de una política definida respecto al problema palestino y que el presidente Bush, quizá consciente de sus limitaciones personales, delega en grises enviados especiales toda la capacidad mediadora y coercitiva de la única superpotencia mundial. Ha colmado el vaso la decisión israelí de no abandonar Ramala, a pesar de exigírselo así la última resolución de la ONU, votada también por EE.UU.

La política brutal de Sharon ha sido comparada por Saramago con la persecución de los judíos a manos de los nazis. Dejando aparte la posible inoportunidad de tal parangón, por otro lado bastante fundado, algunos encuentran también ahora un paralelismo con el hostigamiento por Pinochet del presidente chileno Allende, aislado en la Casa de la Moneda y empujado al suicidio.

Se mire por donde se mire, bestiales aires fascistas –entre los que ni siquiera faltan los obstáculos puestos a los medios de comunicación extranjeros– han empezado a manchar a los actuales gobernantes del pueblo judío, que no merece tal destino. Pueblo que, afortunadamente, podrá llegar a redimirse mientras en su seno haya todavía ciudadanos como el que hace una semana fue capaz de escribir a su ministro de Defensa, pidiendo la baja en el ejército, en estos términos: «...No serviré en su ejército. Su ejército que se llama a sí mismo "Fuerza de Defensa de Israel", no es sino el ala armada del movimiento de colonización. Ese ejército no existe para asegurar la seguridad de los ciudadanos y ciudadanas de Israel. Existe para garantizar la prosecución del robo de las tierras palestinas. Como judío, me repugnan los crímenes que esta milicia comete contra el pueblo palestino». Es lástima que la violencia cotidiana la haga ser una voz que clama en el desierto.

IV. A modo de colofón

A pesar del desairado papel que la Organización de Naciones Unidas ha desempeñado en el conflicto palestino-israelí, es inevitable aludir a ella. Incapaz de exigir a Israel el cumplimiento de las numerosas resoluciones aprobadas por el Consejo de Seguridad, y habiendo jugado un vergonzoso papel en el sainete que supuso el nombramiento y posterior disolución de una Comisión para estudiar lo ocurrido en el campo de refugiados de Yenín, la ONU ha vuelto a mostrar su condición de instrumento de las grandes potencias. Y, sobre todo, de la hiperpotencia que accede a albergar en su territorio sus principales organismos. La presente recopilación de trabajos de opinión se cierra con esta cuestión, junto con unas ligeras divagaciones, a mitad de camino entre la hermenéutica y el sarcasmo, y una denuncia sobre la encerrona que pueden suponer para el pueblo palestino los planes de paz concertados entre EE.UU. e Israel.

Un veto significativo

Durante la Guerra Fría, el repetido recurso al veto que ejerció la URSS en el Consejo de Seguridad de Naciones Unidas fue manejado como un arma denigratoria contra la política exterior de la extinguida Unión Soviética. No hay que olvidar, sin embargo, que EE.UU. también lo utilizó con frecuencia.

El Consejo de Seguridad es el único órgano de Naciones Unidas cuyas decisiones están obligados a cumplir todos los estados miembros. Los demás órganos de la ONU sólo hacen recomendaciones sin carácter vinculante. En él conservan todavía el derecho al veto las cinco grandes potencias vencedoras de la II Guerra Mundial, que además son miembros permanentes del mismo. Esto es visto por amplios sectores de la comunidad internacional como un privilegio oligárquico que no dice mucho en favor de la necesaria imparcialidad de la Organización. Bien es verdad que sin tal prerrogativa quizá la ONU no hubiera visto la luz, puesto que con su creación se trataba, desde un principio, de consolidar un mundo jerarquizado en el que los poseedores del poder económico, político y militar en 1945 no deseaban verse constreñidos por la aparición de nuevos países con pretensión de convertirse en potencias, aun de rango intermedio.

Sea como fuere, concluida la Guerra Fría, el veto en el Consejo de Seguridad dejó de ser un arma de enfrentamiento político entre los dos grandes bloques y pasó a ser, en términos reales, el instrumento con el que los privilegiados estados que lo poseen impiden que la ONU cumpla con su cometido esencial de «mantener la paz y la seguridad internacionales», cuando esto es considerado como desfavorable para sus respectivos intereses nacionales.

No otra ha sido la causa que impulsó a EE.UU. a ejercer, por segunda vez en 2001, el derecho de veto, oponiéndose al envío de observadores internacionales a los territorios palestinos. Propuesto por Egipto y presentado por Túnez –miembro temporal del Consejo hasta el fin de 2001–, el proyecto de resolución pedía protección internacional para el pueblo palestino y el cese de toda violencia. Exigía también la reanudación del diálogo entre Israel y la Autoridad Palestina, contra la voluntad manifiesta de Sharon, que había decidido ignorar la existencia de Arafat. A sugerencia de Francia, la resolución incluía un párrafo condenando todos los actos de terror, en especial los cometidos contra la población civil, a fin de hacerla más aceptable para EE.UU.

En la votación, EE.UU. vetó la resolución; se abstuvieron el Reino Unido y Noruega; los otros doce países votaron a favor, incluidos tres miembros permanentes: China, Rusia y Francia. El representante palestino ante la ONU, aunque se declaró satisfecho por el amplio apoyo que en el Consejo de Seguridad obtuvo la causa de su pueblo, declaró que este órgano «es utilizado por algunos sólo cuando les es favorable», recordando que Israel incumple desde hace muchos años varias resoluciones, con el apoyo no disimulado de EE.UU.

La votación reveló, sin embargo, algunas dificultades significativas que afectan a Europa y EE.UU. Un texto relativamente moderado y equilibrado, pero sometido a votación quizá con cierto apresuramiento, volvio a mostrar la división de Europa, puesto que dos países –Francia e Irlanda– votaron a favor y otros dos –Reino Unido y Noruega– se abstuvieron. De modo paradójico y casi simultáneo, todos los jefes de Estado y de Gobierno europeos, reunidos en Bélgica, adoptaron una resolución enérgica sobre la situación en Palestina. Parece como si el señor PESC, Javier Solana, no acabase de encontrar su sitio en el organigrama de Europa. La descoordinación de su política exterior sigue siendo ostensible. Por otro lado, el resultado de la votación mostró también cierto deterioro de la sintonía existente entre Washington y Londres –evidente en lo que se refiere al conflicto afgano– y habrá que observar las consecuencias del hecho.

También en EE.UU. el veto tendrá repercusiones. Los republicanos son conscientes de que Bush, que ganó la Presidencia por muy pocos votos, sabe que podría perder, en la próxima elección, los votos de la comunidad judía, que no fueron muy abundantes en 2000, si toma decisiones que perjudiquen a Israel. Y como ha declarado al respecto un asesor del primer ministro británico, «en último término, los políticos sólo se preocupan de una cosa: ganar las próximas elecciones».

Quien con el veto ha quedado en peor posición ha sido el secretario de Estado, Colin Powell, que recientemente reiteró la necesidad de aceptar la creación del Estado palestino y de reanudar el diálogo entre ambas partes. Todo indica que la Casa Blanca cortocircuitó a su secretario de Estado al ordenar el veto al embajador de EE.UU. en la ONU, John Negroponte, persona de controvertidos antecedentes. Anunciado su nombramiento en marzo de

2001, su pasado ejercicio como embajador en Honduras, desde donde apoyó y fomentó el terrorismo de la contra nicaragüense, hizo que la mayoría demócrata del Senado mantuviese congelada su designación. Pero tras los atentados del 11-S la capacidad crítica de la clase política norteamericana quedó bajo mínimos y tres días después fue oficialmente designado para el cargo sin oposición alguna.

Víctimas de estos tejemanejes de la alta política internacional, los palestinos seguirán siendo un pueblo sistemáticamente exterminado y cuyo territorio está ocupado por una potencia extranjera, al paso que el pueblo judío continuará experimentando la violencia que dificulta su legítimo anhelo a un desarrollo en paz y seguridad y sufriendo los efectos del fanatismo de los que apenas tienen nada que perder.

Sharon, el nuevo Moisés

Sharon gobierna Israel junto con los más fanáticos seguidores ortodoxos de la tradición bíblica judaica. Nada queda en su Gobierno de aquellos aires progresistas y modernos de los años 50 y 60, donde un socialismo igualitario alumbraba en el Estado recién nacido esperanzas de un mundo mejor y experimentaba nuevas fórmulas de vida en sociedad, más justas y equitativas. Visto a la luz de lo que hoy sucede, todo aquello ha quedado ya como un deslumbramiento pasajero.

Más que en el siglo XXI, los gobernantes judíos parecen haber retrocedido a los tiempos descritos en el Pentateuco (la *Torá* hebrea). La figura de Moisés cobra ahora más relevancia que la de los sionistas fundadores del actual Estado. Extraña no contemplar en los despachos oficiales de Jerusalén ningún póster de quien, recién nacido, se acunó en las aguas del Nilo en una cestita de papiro, pues parece ser el inspirador de la política actual de Israel y del terrorismo de Estado que practica.

Dirigente político de un pueblo seminómada que hacia el siglo XIII a.C. abandonaba Egipto en penosas circunstancias, Moisés se inventó un Dios a la medida de sus designios. Le hizo firmar una alianza con su pueblo, al que exigió unos comportamientos religiosos, morales y sociales a cambio de ofrecerle unas tierras de propiedad ajena. Conociendo el carácter tornadizo y egoísta de su propio pueblo, en el que —como en todas las naciones— también había héroes y abnegados servidores de la comunidad, Moisés le conminó al genocidio generalizado a cambio de un futuro próspero en una tierra prometida que «manaba leche y miel».

Los cananeos sufrieron pronto el filo de la espada israelita: «Si entregas a ese pueblo en mis manos, yo consagraré sus ciudades al exterminio» (Nm. 21, 2), lo que así ocurrió con los legítimos poseedores del territorio. Sólo un Dios realmente genocida pudo afirmar: «... En las ciudades que el Señor te da como heredad no dejarás un alma con vida. Consagrarás al exterminio a los hititas, amorreos, cananeos, pereceos, jeveos y jebuseos, como te ha mandado el Señor, tu Dios» (Dt. 20, 16-17). Es decir, a los desdichados habitantes del que iba a ser el futuro reino de Salomón.

El Dios genocida parece moldear los pensamientos de algunos judíos de hoy: «Si no expulsáis lejos de vosotros a los habitantes de la tierra, aquellos que hayáis dejado en medio de vosotros serán como espinas en vuestros ojos y zarzas en vuestros costados...» (Nm. 33, 55). Todo un programa de exterminio que Israel viene siguiendo casi al pie de la letra con el pueblo palestino: expulsión forzosa primero, y luego recolonización con nuevos asentamientos judíos y éxodo palestino a los campos de refugiados, tanto en el interior como en otros países limítrofes.

Lo que estamos presenciando estos días recuerda a la suerte que se abatió sobre los madianistas. Moisés había recibido de su Dios la orden de castigar a ese pueblo porque había inducido a pecado a los hebreos. En el curso de la batalla «...dieron muerte a todos los varones... Hicieron prisioneras a las mujeres con sus niños; saquearon todos sus ganados, rebaños y riquezas; incendiaron todas las ciudades y poblados...» (Nm. 31, 7-10). Pero no quedó ahí la cosa. Al regreso de la batalla, Moisés, airado, increpó a los jefes militares: «¿Por qué habéis dejado con vida a las mujeres? Fueron ellas las que sedujeron a los israelitas, apartándolos del Señor. Matad, pues, a todos los niños varones y a todas las mujeres que hayan tenido relaciones sexuales con algún hombre...» (íd. 15-17).

A quienes contemplan horrorizados la brutal represión que está sufriendo el pueblo palestino, lo anterior les puede servir de consuelo comparativo. Frente al exterminio bíblico, es más fácil aceptar que la paz se alcance alguna vez con un plan que cree un Estado palestino dependiente por completo de Israel, en una situación típicamente colonial o de protectorado, que es lo que pretendían los acuerdos alcanzados entre Clinton, Rabin y Peres.

«La función de la Autoridad Palestina sería controlar las poblaciones locales bajo una dependencia neocolonial gobernada por Israel», comentó al respecto Noam Chomsky. Sólo a la luz del precedente bíblico podría concederse que la posterior fórmula de Clinton y Barak en Camp David era generosa, porque convertía a Palestina en lo más parecido a los bantustanes donde se encerraba a la población negra en la época más atroz de la Sudáfrica del *apartheid*. También cita Chomsky a un prominente pensador israelí que afirmó que su Gobierno «no tiene reparo en hablar de guerra, cuando lo que realmente hace es una política colonial que recuerda a la reocupación por la policía de los blancos de los guetos negros sudafricanos».

Sharon, el nuevo Moisés, también desafía a los mensajeros de los reyezuelos europeos que acuden a visitarle (Piqué y Solana) y hasta muestra reticencias frente al faraón Bush, cuando éste le conmina a cesar su brutal represión. Quizá Bush, imbuido de esa infantil educación bíblica tan común en el pueblo norteamericano, recuerde el caos que generó en el pacífico reino egipcio el turbulento hebreo, a quien el Dios del genocidio no dudó en ayudar con diez devastadoras plagas.

Del mismo modo como el faraón, desesperado, tuvo al fin que suplicar a Moisés y Aarón: «Salid inmediatamente de aquí vosotros y los israelitas...» (Ex. 11-31), Bush parece decir a Sharon: «Haz lo que quieras con los palestinos pero no me compliques mucho las cosas con los demás países». No obstante, al contrario del Dios bíblico, que hizo morir a Moisés antes de alcanzar la tierra prometida, sólo cabe esperar y desear a Sharon suficiente longevidad para que llegue a conocer y padecer en vida los efectos del genocidio que está perpetrando.

El órdago de Bush

Pocos jugadores de mus desearían tener al presidente Bush como pareja. Deja enseguida adivinar cuáles son sus cartas. Bien es verdad que jugando con una pistola cargada encima de la mesa tampoco se necesita ser un habilidoso envidador para ganar. Viene esto a cuento de la advertencia que ha hecho a Arafat, cuando éste apenas emergía de las ruinas de su cuartel general en Ramala, en relación con la prevista conferencia internacional de paz en Oriente Próximo: «Esa conferencia será su última oportunidad para conseguir la paz». Es como exigir que el contrario le acepte a la mano un órdago a la grande después de enseñarle que tiene cuatro reyes.

No es que estén representados por cuatro reyes los organizadores de la conferencia (los componentes del llamado «cuarteto» de Oriente Próximo: la ONU, EE.UU., la Unión Europea y Rusia), pero son los que pretenden organizar una conferencia de paz, con grandes probabilidades de convertirse en la encerrona definitiva para Arafat y, en consecuencia, para el pueblo palestino. El presidente de una Autoridad que ya apenas gobierna nada, porque su país ha sido devastado en unos días de fiebre destructora de las armas hebreas y muchos resortes de su autoridad han sido desbaratados, habrá de afrontar el trágala de la citada conferencia sin apenas margen de maniobra.

El cuarteto, en realidad, no es tal. La Unión Europea demostró su incapacidad para tratar directamente con Sharon, que la desprecia sin disimulo, y su presencia en la conferencia es un obsequio de Bush para ayudarle a mantener la imagen. Lo mismo sucede con Rusia, el pariente pobre, pero todavía peligroso, a quien de cuando en cuando se satisface con algún obsequio para tenerle contento. De la ONU, tras el resonante fracaso en su intento de enviar una misión observadora a Yenín, más vale no esperar nada. Su desprestigio es tan grande como su incapacidad para exigir a Israel el cumplimiento de las numerosas resoluciones del Consejo de Seguridad. Así que, como siempre sucede en los últimos tiempos, sólo queda EE.UU. como centro de toda decisión. Y en lo relativo a los palestinos, ya se sabe el nulo efecto que las demandas de Bush causan en Sharon, quien ha hecho caso omiso de todas las que se le hicieron llegar en los últimos días.

Es precisamente en EE.UU. donde Sharon presentó un proyecto de plan de paz que puede ser la puntilla definitiva a las aspiraciones del pueblo palestino. Porque la conferencia prevista se basa en la conocida tesis de «paz por territorios», pero si la paz parece algo concreto y definido (al menos, materializada en el silencio de las armas y las bombas), los territorios no lo son tanto. Cada vez más reducidos, más fragmentados y dispersos, atomizados, en suma, el mosaico resultante tiene muy pocas posibilidades de constituir la base física de un Estado palestino viable. A pesar de que era eso lo que, con la boca pequeña, Washington anunció que deseaba lograr en cuanto, en su paranoica guerra contra el terrorismo y una vez concluidas las operaciones en Afganistán, designó a Sadam Husein como objetivo del próximo pimpampum a organizar por el Pentágono. Atacar a Irak requiere apoyos, siquiera mínimos, en el mundo árabe y musulmán. La creación de un Estado palestino nominal, apoyada por la correspondiente ofensiva propagandística de los medios de comunicación controlados por Washington, sería un triunfo que EE.UU. podría utilizar como trampolín para llegar en son de victoria hasta Bagdad.

El plan que Sharon presentó a Bush va a convertir Palestina en un nuevo bantustán. Se habla en él de alambradas electrificadas y verjas de seguridad, franjas de aislamiento y puntos de control, que recuerdan inevitablemente al Telón de Acero o al Muro de Berlín, por no mencionar a Auschwitz, para evitar ser denostado como lo fue Saramago. Un Estado sin fuerza militar, colonizado y gobernado desde Israel, con las tropas judías acantonadas en su interior y cuyos recursos (agua, agricultura, energía, comercio, etc.) dependen de la inescrutable voluntad del Gobierno israelí. Eso es lo que se le va a ofrecer al pueblo palestino, a cambio de que abandone, de una vez para siempre, su legítima aspiración a una soberanía real.

Sharon nunca ha aceptado el principio de paz por territorios, a menos que sea él quien defina qué se entiende por paz y cuáles son los territorios a devolver. Nunca abandonará todas las tierras palestinas ilegalmente ocupadas desde 1967, y menos las que Israel había ya usurpado en 1948, expulsando de ellas a más de medio millón de palestinos. Tampoco accederá a desmantelar las colonias judías asentadas en Cisjordania o Gaza, ni a que Jerusalén Oriental sea la capital del futuro Estado Palestino. El apoyo mayoritario que el Congreso de EE.UU. acaba de dar a la actual ofensiva militar israelí contra Palestina reforzará aún más la postura intransigente del primer ministro judío.

Lamentablemente, no es una partida de mus lo que el mundo está jugando para poner fin al conflicto palestino, sino una lucha enconada entre un pueblo ocupado –el palestino– y otro ocupante –el judío– bajo una enorme presión exterior, fruto de la llamada guerra contra el terrorismo, emprendida por Washington. Si Arafat acepta el órdago en las condiciones en que le va a ser planteado, está claro que perderá. Si no lo acepta, su pueblo seguirá siendo acorralado militarmente y la tragedia de Yenín se repetirá en otros lugares, hasta que los palestinos, con su simple presencia, dejen de ser el principal obstáculo para recuperar toda la tierra prometida *(Eretz Israel)* con la que siempre ha soñado el sionismo más empecinado. Éste es el que parece haber tomado el control de la situación, paradójicamente apoyado por la ultraderecha cristiana estadounidense, cuyos votos necesita Bush para las inminentes elecciones de mitad de mandato. Religión y política forman, una vez más, un combinado explosivo de alta peligrosidad.

> El grueso de este trabajo está basado en artículos del autor aparecidos alternativamente durante los últimos años en *Diario 16* y *La Estrella Digital,* revisados y actualizados para la presente edición.

Israel y Palestina,
entre la guerra y la paz

Antoni Segura

Nunca tan pocos kilómetros de una tierra seca y áspera han sido tan disputados como los que ocupan Gaza (378 km^2), Cisjordania (5.879 km^2) e Israel (20.770 km^2). Desde la Antigüedad, la Palestina bíblica, conformada por las tierras que se extienden alrededor del lago Tiberiades (Galilea), del valle del Jordán y del mar Muerto, ha sufrido los embates del jinete apocalítico de la guerra, ya sea en los años de la destrucción del templo de Salomón de Jerusalén; en tiempos del Imperio romano, cuando el templo fue destruido por segunda vez y definitivamente (año 70 d.C.); o en la época de las Cruzadas (siglos XI a XIII) y de Saladino, que reconquistó la Ciudad Santa para el islam en 1187. Para remontarnos a los orígenes del conflicto actual baste recordar que, en los últimos cien años, la región ha conocido los efectos devastadores de dos guerras mundiales, del mandato británico, que acabó con la declaración unilateral de independencia de Israel y la primera guerra árabe-israelí, que fue seguida por tres guerras más en 1956, 1967 y 1973, de una guerra civil en el vecino Líbano, de las repercusiones de la segunda guerra del Golfo en 1991, de una primera Intifada en 1987-88, que abrió las puertas de las negociaciones de paz, y de una segunda Intifada iniciada en septiembre de 2000, que ha desembocado en una verdadera guerra de liberación palestina y en una escalada militar israelí como no se conocía en los territorios ocupados de Gaza y Cisjordania desde 1967.

Las primeras *aliyas*, el Congreso de Basilea y la I Guerra Mundial

A mediados del siglo XIX, Palestina formaba parte del Imperio otomano y desde 1869, fecha de las primeras compras de tierras conocidas, tiene lugar una creciente emigración de colonos judíos hacia Palestina organizada por los *Amantes de Sión* y otras organizaciones sionistas y alimentada por los fondos del barón de Rothschild. Entre 1882 y 1914, la historiografía israelí distingue dos grandes oleadas migratorias o *aliyas*. La primera se prolongó hasta 1891 y llegaron, sobre todo desde Europa Oriental, unos 25.000 colonos, que dieron lugar a las primeras localidades judías en Palestina. La segunda *aliya* tuvo lugar en el decenio que precedió a la I Guerra Mundial y supuso la llegada de unos 40.000 colonos, también originarios del este de Europa, que pusieron los cimientos del futuro movimiento laborista (sionista-socialista) con las primeras experiencias de una prensa judía y de una literatura hebrea, y la fundación de los primeros partidos obreros e instituciones de ayuda judíos y los primeros *kibbutzs*.

Paralelamente, Theodor Herlz (1860-1904), autor de una obra de gran impacto *El Estado de los judíos* (1896), convocó en 1897 el I Congreso Sionista en Basilea, que resolvió crear un hogar en Palestina para el pueblo judío para lo que proponía «alentar de manera sistemática la colonización de Palestina por agricultores, obreros y artesanos judíos» y «desarrollar el sentimiento y la conciencia nacional judíos». Se alentó así la creación de colonias judías en Palestina, que entre 1900 y 1914 pasaron de 22 a 47, y la emigración de colonos, de tal manera que la población judía de Palestina pasó de un total de 25.000 personas a finales de la década de 1880 (frente a 355.000 árabes musulmanes y 80.000 árabes cristianos) a 85.000 personas en 1914 (por 580.000 árabes musulmanes y 60.000 árabes cristianos) o, lo que es lo mismo, del 5 por 100 del total de la población de Palestina al 12 por 100.

El carácter pionero y fundacional de estos años se ha idealizado mucho hasta convertirse en la base de legitimización moral del Estado de Israel: el sionismo sería uno más de los movimientos nacionalistas de la Europa del siglo XIX que, en dura pugna con el colonialismo británico y con los países árabes vecinos, consiguió liberar la Tierra Prometida durante más de

2.000 años y fundar el Estado judío. Sin embargo, como ha puesto de manifiesto la nueva historiografía israelí, esta reconstrucción idealizada del pasado olvida las repercusiones colonialistas de la llegada de los pioneros –aunque fueran involuntarias y ellos mismos no procedieran de una determinada metrópoli ni tuvieran tras de sí el poder económico y militar de un poderoso Estado– en la medida en que no se asentaban en una tierra de nadie y su consolidación se hizo en detrimento de los árabes de Palestina.

La I Guerra Mundial tuvo importantes repercusiones en la región. Londres y París se repartieron en secreto (Acuerdos de Sykes-Picot de 1916) las provincias otomanas del Creciente Fértil tomando como pretexto la alianza de Estambul con Berlín y Viena. Londres se reservó Irak y Transjordania y París, Siria y Líbano, donde la minoría cristiano maronita tenía como referente político y cultural el francés. Se convino que Palestina quedaría bajo una administración internacional, aunque el Reino Unido obtenía los puertos de Haifa y Acre en el litoral mediterráneo. Un año antes, en 1915, Thomas Edward Lawrence (Lawrence de Arabia), agente de los servicios secretos británicos, y sir Mac Mahon, Alto Comisario británico en El Cairo, habían iniciado negociaciones con el emir hachemí de La Meca, Hussein, a quien prometieron el reconocimiento de una entidad árabe independiente a cambio de liderar una revuelta árabe contra los turcos en el Próximo Oriente. La revuelta se inició en 1916 y fue fundamental para la campaña del general británico Edmund Henri Hynman Allenby en la región y para la ocupación de Bagdad (1917) y Damasco (1918). Además, en 1917, el ministro británico de Asuntos Exteriores (Declaración Balfour) prometía a la comunidad sionista de Londres la creación de un hogar judío en Palestina. A finales de ese mismo año, las tropas de Allenby entraban en Jerusalén y, en 1918, británicos y franceses ocupaban el litoral palestino. Londres había jugado con calculada ambigüedad sus cartas en el contexto de la I Guerra Mundial y, en 1920, el Tratado de Sèvres (1920) daba vigencia a los Acuerdos de Sykes-Picot: Gran Bretaña ocupaba Irak, acabando muy pronto con la esperanza de un Estado kurdo tal como preveía el tratado, Transjordania y Palestina, que pasó a ser mandato británico en 1922; y Francia, Siria y el Líbano.

Correspondencia de sir Mac Mahon a Hussein, 1915 (extracto)

«[...] Os confirmamos nuestro deseo de asegurar la independencia de Arabia y de sus habitantes, así como nuestra aprobación a un califato árabe el día que sea proclamado. Declaramos una vez más que el gobierno de Su Majestad acojerá favorablemente la recuperación del califato por un árabe de raza» (carta de 30 de agosto de 1915).

«[...] Los dos distritos de Mersin y de Alexandreta y la zona de Siria situada al oeste de Damasco, Homs, Hama y Alepo no pueden considerarse como puramente árabes y serán excluidos de los límites y las fronteras consideradas. Con estas modificaciones*, [...] aceptamos los límites y las fronteras [propuestos]**. Por lo que respecta a los territorios situados en el interior de estas fronteras, [...] estoy autorizado [...] a daros las siguientes garantías:
1. [...] Gran Bretaña está dispuesta a reconocer y estimular la independencia de los árabes en el interior de las fronteras propuestas por el *sheriff* de La Meca.
2. Gran Bretaña garantizará la protección de los lugares sagrados contra toda agresión exterior y reconocerá su carácter inviolable» (carta de 24 de octubre de 1915).

Fuente: Antoni SEGURA, *Más allá del islam. Política y conflictos en el mundo musulmán*. 2ª ed., Madrid, Alianza, 2001, pp. 397-398.

Declaración Balfour, 1917 (texto)

«Forein Office
2 de noviembre de 1917

Querido lord Rothschild.
En nombre del Gobierno de Su Majestad, tengo el honor de haceros llegar la declaración adjunta de simpatía a las aspiraciones

---

* La carta no se acompaña de ningún mapa, plano o croquis.
** Los límites eran «al norte, Mersin y Adana y los 37^0 de latitud, donde se encuentran Birijik, Urfa, Mardin, Midiat, Jezirat (Ibn Umar) y Amadia, hasta la frontera persa; al este, la frontera persa hasta el golfo de Basora; al sur, hasta el océano Índico con la excepción de Adén (era protectorado británico); al oeste, el mar Rojo y el Mediterráneo hasta Mersin».

> sionistas, que ha sido sometida a la consideración y aprobación del gabinete.
>
> El Gobierno de Su Majestad contempla favorablemente el establecimiento de una patria nacional para el pueblo judío en Palestina y hará todo lo que esté en su mano para facilitar la realización de este objetivo, en el bien entendido de que no se hará nada que pueda atentar contra los derechos civiles y religiosos de las comunidades no judías que existen en Palestina, ni a los derechos y estatuto político de que disfruten los judíos en cualquier otro país.
>
> Os estaré muy reconocido si ponéis en conocimiento de la Federación sionista esta declaración.
>
> Arthur James Balfour.»
>
> Fuente: Antoni SEGURA, *Más allá del islam. Política y conflictos en el mundo musulmán.* 2ª ed., Madrid, Alianza, 2001, 399.

Entre el final de la I Guerra Mundial y los comienzos del Mandato británico de Palestina tuvo lugar la tercera aliya, que supuso la llegada a Palestina de unos 35.000 colonos pertenecientes a diversas organizaciones sionistas que fundaron *kibutzs* y granjas colectivas. Son los años en que aparecen las primeras organizaciones políticas y sindicales judías: en 1919, David Ben Gurion y otros pioneros fundaron el Partido Laborista, más conocido como Mapai; en 1921, Ben Gurion fundó el sindicato obrero Histadrouth; en 1923, Zeev Jabotinski crea el Betar, una organización militar con ciertas similitudes con las organizaciones fascistas de la época. Son también los años de los inicios de la carrera política de Hadj Amin el Husseini, miembro de una de las familias de notables árabes más importante de Palestina, que, en 1921, es elegido Gran Mufti de Jerusalén y, en 1922, presidente del Consejo Supremo Musulmán, y de los primeros enfrentamientos entre árabes y judíos: mayo de 1921, enfrentamientos en Jaffa que acaban extendiéndose a toda Palestina con el resultado de 95 muertos.

El Mandato y las responsabilidades británicas

En julio de 1922, la Sociedad de Naciones transfirió a Londres un Mandato sobre Palestina, cuyo texto hacía referencia a la Declaración Balfour, del que quedaba excluida Transjordania («Tierra de más allá del Jordán», antigua denominación usada por los Cruzados), que había sido segregada de la provincia otomana de Siria y que, en 1923, obtenía la independencia en forma de emirato. El nuevo país, totalmente artificial y sin referencias históricas previas, fue confiado a Abdallah I, hermano de Faisal, rey de Irak, e hijo del emir Hussein de La Meca, que pocas semanas después sería derrotado y expulsado de La Meca y Medina por Abdelaziz III Ibn Saud, el fundador del actual reino de Arabia Saudí.

El establecimiento del mandato de Palestina favoreció todavía más la inmigración judía. Entre 1924 y 1928 llegaron unos 70.000 inmigrantes (la mitad eran de Polonia), que establecieron sus talleres y sus pequeñas industrias en ciudades de reciente creación como Tel Aviv. Entre 1929 y 1939 llegaron 250.000 inmigrantes que, en su mayoría, huían de la Alemania nazi. Muchas veces son personas con una elevada cualificación profesional y con recursos importantes, que invierten en el desarrollo de la comunidad judía de Palestina que, en 1941, se aproxima al medio millón de personas (la tercera parte de la población total).

La inmigración se acompaña de la compra de tierras por parte del Fondo Nacional judío a latifundistas árabes absentistas o a propietarios árabes residentes en Palestina, lo que, como subraya un informe sobre la inmigración publicado en Londres en 1930, tiene por efecto que «los árabes han sido gradualmente desposeídos de sus tierras» y de la posibilidad de trabajarlas porque las nuevas empresas agrícolas resultantes sólo utilizan mano de obra judía. Las tensiones entre ambas comunidades se acentúan a medida que se incrementa lo que podríamos denominar la clase de los desheredados palestinos (campesinos sin tierras, agricultores arruinados por la competencia de las empresas agrícolas judías que utilizan técnicas modernas, jornaleros sin trabajo). En 1929, una provocación del Betar en el Muro de las Lamentaciones desencadena un progrom antijudío en Jerusalén y una violenta revuelta que se extiende rápidamente al conjunto de Palestina con el trágico balance de casi 300 muertos.

En abril de 1936 se crea el Alto Comité Árabe, cuya dirección se encomienda a Hadj Amin el Husseini, que convoca inmediatamente una huelga general para apoyar las exigencias que plantea a la administración británica: fin de la inmigración judía, que comenzaba a adquirir grandes proporciones a causa de las medidas discriminatorias adoptadas por la Alemania nazi; prohibición de vender más tierras a los judíos y formación de un gobierno nacional árabe. Se iniciaba así la Gran Revuelta Árabe que, con intermitencias y sin frentes estables, se prolongará hasta 1939 con un balance de 7.000 muertos.

Son años decisivos en los que la violencia crea un divorcio irreconciliable entre las dos comunidades. A esa violencia contribuyó, sin duda, la creación de la organización armada del Betar, el Irgun, cuyo mando fue confiado a Menahem Begin (quien en 1978, como primer ministro de Israel, firmó los acuerdos de Camp David con Egipto), que, en el verano de 1938, protagonizó una oleada de atentados contra los árabes causando 73 muertos y centenares de heridos. El Mapai no secundaba la violencia indiscriminada del Irgun y su organización de autodefensa, la Hagana (una organización paramilitar clandestina creada en 1920), colaboró con la Administración británica para poner fin al terrorismo. Sin embargo, la aceptación del alto el fuego por el Irgun dio lugar a la excisión de Abraham Stern y otros militantes (destaca Isaac Shamir que, en 1991, participó como primer ministro de Israel en la Conferencia de Madrid) que, en 1940, fundaban un grupo mucho más violento y radical, el Lehi (Combatientes por la Liberación de Israel). Finalmente, también se puso fin a la revuelta combinando la contundente acción militar y de los tribunales británicos con la promesa de prohibir la venta de tierras a los judíos y de restringir la inmigración y someterla a la autorización de los responsables árabes. Es también en esos años cuando lord Robert Peel, presidente de la Comisión de Investigación nombrada por Londres, da a conocer el primer plan de partición de Palestina: los judíos recibirían el litoral y Galilea; los árabes, el resto de Palestina y Transjordania, y el Reino Unido conservaría las ciudades de Jerusalén y Belén y bases militares en el lago Tiberíades y el el golfo de Aqaba.

El estallido de la II Guerra Mundial y el recrudecimiento de la persecución nazi incrementó la inmigración legal e ilegal a Palestina: entre 1940 y 1948, llegaron unas 100.000 personas. En esos años, el movimiento sionista se dividía en tres grandes corrientes. En primer lugar, el sector minoritario formado por los partidarios de Weizmann, líder del movimiento sionista surgido del Congreso de Basilea (1897), que creen que el sueño de Herlz, la creación de un Estado judío en Palestina, sólo será posible con la aquiescencia de Gran Bretaña, que ostenta el poder hegemónico mundial, y los países europeos. En segundo lugar, el sector revisionista liderado por Zeev Jabotinski, que había dado lugar a dos organizaciones armadas radicales, el Irgun y el Lehi, que cree que el Estado judío sólo será posible conquistando la independencia mediante la lucha armada contra los británicos y los árabes. Por último, el sector mayoritario, los laboristas del Mapai, liderados por David Ben Gurion, que cuenta con un sindicato, Histadrouth, y una organización de autodefensa, Hagana, que mantiene posiciones próximas a las de Weizmann, pero mucho más realistas dada su implantación en Palestina y la vivencia del Mandato británico. La ruptura entre los dos sectores sobrevino en 1942, cuando Ben Gurion adoptó el Programa de Biltmore (el nombre del hotel de Nueva York donde se reunieron los dirigentes sionistas), que, dada la grave situación que vivían los judíos europeos, defendía la creación inmediata de un Estado judío en oposición a la política gradualista de Weizmann. Para hacer frente a las tropas alemanas que amenazaban Palestina, se creó el Palmach con militantes de la Hagana, que, en 1944, se convirtió en el embrión del futuro ejército israelí (el Tsahal).

La II Guerra Mundial iba a provocar algunas vacilaciones entre los políticos de ambas comunidades. Hadj Amin el Husseini y Abraham Stern, el líder del Lehi, apostaron por la Alemania de Hitler. El primero inició un largo periplo que lo condujo desde Beirut, donde se había exiliado tras la Gran Revuelta Árabe de 1936-1939, a Bagdad y de allí a Berlín después de pasar por Teherán, Estambul y Roma, donde se entrevistó con Mussolini. Murió en Beirut en 1948. El segundo contactó en 1941 con el delegado del III Reich en Beirut para explorar la disposición alemana a establecer una colaboración con el «movimiento nacional popular hebreo» y con un futuro Estado judío totalitario a cambio de luchar junto a Alemania en la guerra. Descubiertos los contactos por el servicio de inteligencia británico, Abraham Stern murió en un enfrentamiento con la policía en 1942 y el Lehi fue desmantelado. Por el contrario, Abdallah de Jordania y los laboristas de Ben Gurion se mantuvieron fieles a Londres y unos 30.000 judíos de Palestina combatieron junto a las tropas aliadas.

Con el final de la II Guerra Mundial, el mundo descubre horrorizado el Holocausto (la *Shoah*), que supuso la eliminación de casi seis millones de judíos (la mitad en las cámaras de gas, un millón por armas de fuego y el resto por malos tratos, desnutrición, falta de atención médica en los guetos y en los campos de exterminio). Ante la magnitud de la tragedia vivida por los judíos europeos, Ben Gurion exigió la admisión de nuevos inmigrantes, pero la Administración británica se opuso contundentemente. Las posiciones se radicalizan y la Hagana, el Irgun y el Lehi, que había sido reconstruido por Isaac Shamir, acuerdan unir sus esfuerzos: el 17 de junio de 1946, se vuelan todos los puentes que unen Palestina con los territorios vecinos. La represión se cierne sobre la Hagana; pero, el 22 de julio, el Irgun de Menahem Begin lleva a cabo un atentado sin precedentes: hace volar el hotel Rey David, sede de las Fuerzas Británicas, ocasionando unos 100 muertos.

En 1947, se incrementaron las acciones terroristas del Irgun y del Lehi, la inmigración ilegal de judíos europeos, organizada por la Hagana y el Palmach, y los enfrentamientos entre árabes y judíos. El Consejo de la Liga de los Estados Árabes apostó legiones de voluntarios árabes en las fronteras de Palestina, mientras la opinión pública internacional se conmovía con el episodio del *Exodus*, un buque que transportaba clandestinamente a Palestina 4.500 refugiados de los campos de concentración alemanes y que fue obligado por la Marina Británica a regresar a Europa. La situación se tornó insostenible para Londres, que decidió poner fin al Mandato en el más breve periodo de tiempo posible y dejó el tema de Palestina en manos de Naciones Unidas. En noviembre, la ONU aprobaba un Plan de Partición de Palestina (Resolución 181), que contemplaba la creación de un Estado árabe, formado por Galilea occidental, Cisjordania, Gaza y una franja paralela a la frontera con Egipto, y un Estado judío, que abarcaría el resto del territorio de Palestina. Jerusalén y Belén quedarían bajo control internacional y gozarían de un Estatuto especial. Los estados árabes y Hadj Amin el Husseini, contrarios a la partición de Palestina y a la creación de un Estado judío, amenazaron con la guerra. La excepción era Abdallah, aliado de Gran Bretaña, que se oponía a la guerra y a la creación de un Estado palestino porque pretendía anexionarse Cisjordania. La dirigente laborista Golda Meir mantuvo un encuentro con él en Naharayim, en noviembre de 1947, y acordaron que lo visitaría en Amman para discutir sus respectivos intereses. Finalmente, el 29 de noviembre de 1947, la ONU aprobó la Resolución 181 o Plan de partición de Palestina por 33 votos a favor, 13 en contra y 10 abstenciones. Votaron a favor los países europeos, los Estados Unidos y la URSS; se abstuvieron Gran Bretaña y China y se opusieron los países musulmanes y la India.

> **Plan de partición de Palestina de Naciones Unidas (Resolución 181), 1947 (extracto)**
>
> «La Asamblea General recomienda [...] la aprobación y la puesta en práctica, en lo concerniente al futuro gobierno de Palestina [...]
> • El mandato sobre Palestina finalizará lo antes posible y, en cualquier caso, el 1 de agosto de 1948 como muy tarde.
> • *La potencia mandataria hará todo lo que esté en su mano para asegurar, en una fecha lo más cercana posible y, en cualquier caso, el 1 de febrero de 1948 como muy tarde, la evacuación de una zona situada en el territorio del Estado judío y que posea un puerto marítimo y suficiente terreno interior para proporcionar las facilidades necesarias con vistas a una inmigración importante.*
> • *Los Estados independientes árabe y judío, así como el régimen internacional particular previsto para la ciudad de Jerusalén* [...], *empezarán a existir en Palestina dos meses después de que la evacuación de las fuerzas armadas de la potencia mandataria hayan acabado y, en cualquier caso, el 1 de octubre de 1948 como muy tarde.*
> • La ciudad de Jerusalén se constituirá en *corpus separatum* bajo un régimen internacional especial y será administrada por las Naciones Unidas.
>
> Fuente: Antoni Segura, *Más allá del islam. Política y conflictos en el mundo musulmán* 2ª ed., Madrid, Alianza, 2001, pp. 399-400.

El Estado de Israel y la implosión del Próximo Oriente

El Plan de Partición y el anuncio de Londres de que pondría fin al Mandato en mayo de 1948 recrudecieron los enfrentamientos entre las dos comunidades. El conflicto se internacionaliza rápidamente: la Liga Árabe nombra al general iraquí Safwat comandante en jefe del Ejército de Liberación de Palestina, mientras Fawzi el

Kaukji organiza a los voluntarios palestinos en el norte y Abd el Kader el Husseini en la región de Jerusalén. En enero se produjeron los primeros ataques contra poblaciones judías y palestinas, mientras los coches bomba aterrorizaban a la población de ambas comunidades. A finales de marzo, se contabilizaban ya más de 500 víctimas. En abril, el Palmach toma la localidad de Kastel, que controla el acceso occidental de Jerusalén. En el curso de la refriega muere Abd el Kader el Husseini, lo que causa una profunda conmoción en las filas árabes (35 años más tarde, su hijo, Faisal el Husseini, será el representante oficioso de la OLP en Jerusalén y uno de los principales negociadores palestinos con Israel durante el proceso de paz). En abril, la toma del barrio musulmán de Deir Yassin (sudoeste de Jerusalén) por las milicias del Irgun y del Lehi se convierte en una verdadera masacre: entre 100 y 110 muertos. Acciones similares se desarrollan en Galilea y en otros lugares, de tal manera que la población palestina, aterrorizada, empieza a abandonar las zonas controladas por los judíos. Poco después, tropas árabes, al grito de «¡Deir Yassin!», atacan un convoy cerca del monte Scopus y dan muerte a 77 médicos y enfermeras del hospital Hadassah de Jerusalén. El 22 de abril, las tropas judías ocupan Haifa y, el 10 de mayo, Golda Meir y Abdallah se reúnen en Ammán pero no pueden evitar que estalle el conflicto.

El 14 de mayo de 1948, Ben Gurion proclamó unilateralmente el Estado de Israel, que rápidamente fue reconocido por Washington y Moscú. En esos momentos, vivían en Palestina 717.000 judíos, que controlaban casi la tercera parte de las tierras de cultivo. La respuesta fue inmediata y las tropas árabes entraron en Palestina: Egipto ocupa Gaza y Hebrón; la Legión Árabe jordana ocupa Jerusalén Este; Tel Aviv es sitiado; las tropas iraquíes atraviesan el Jordán. Acababa de estallar la primera guerra árabe-israelí, que los israelíes denominan la «guerra de la independencia» y los palestinos, *Al Nakba* (el desastre), ya que, en el curso de la guerra, fueron desalojadas entre 369 (según la historiografía israelí) y 531 (según las fuentes árabes) localidades palestinas, lo que dio lugar al exilio de unos 700.000 o 800.000 árabes de Palestina, que nunca pudieron volver a sus lugares de origen, ya que sus casas y sus tierras fueron rápidamente ocupados por el alud de inmigrantes judíos que llegaron durante la guerra o inmediatamente después. A menudo la expulsión se salpicó de acciones poco honrosas del Tsahal: en julio de 1948, las autoridades israelíes ordenaron la expulsión en masa de los habitantes (60.000 personas) de Lod y Ramle, al este de Tel Aviv, bajo un sol abrasador, que partieron a pie o en autobús hacia las líneas árabes; en el camino dejaron la vida decenas de niños, ancianos y mujeres embarazadas.

De las investigaciones realizadas por el historiador israelí Benny Morris se deduce que, en más del 50 por 100 de los casos, la huída de la población palestina se produjo como consecuencia de un ataque del Tsahal y que, en más de un 25 por 100, por el pánico causado por la conquista de una población vecina (el recuerdo de lo que había sucedido en Dier Yassin y en Lod y Ramle no sería ajeno a este pánico). Las autoridades israelíes no acordaron, probablemente, un plan previo y sistemático para expulsar a los palestinos de sus casas y de sus tierras en el nuevo Estado de Israel, ni ordenaron una práctica sistemática de masacres, violaciones y pillaje aunque, sin duda, en muchas ocasiones se produjeron; pero el resultado cierto es que unas 800.000 personas fueron forzadas a marchar al exilio y, desde entonces, Israel nunca ha aceptado el derecho de los refugiados a volver a las localidades de donde fueron expulsados, a pesar de lo que dispone la Resolución 194 de Naciones Unidas 11 de diciembre de 1948: los refugiados deberían poder volver a sus hogares lo antes posible, o bien, en caso de no hacerlo, recibir una indemnización por los bienes perdidos. Los derechos de los refugiados –y los de sus sucesores–, muchos de los cuales siguen viviendo en campos de refugiados en Líbano, Gaza, Cisjordania, Jordania y otros países árabes, es, sin duda, uno de los temas de más difícil resolución en el actual conflicto.

Refugiados árabes de Palestina. Agosto de 1950

Jordania[1]	Gaza	Líbano	Siria	Otros países	TOTAL
466.572	198.381	106.440	83.881	24.268	879.542

Fuente: «Informe de la ONU», diciembre de 1950, citado en *Israel et Palestine, un destin partagé 1897-1997*, París, *Le Monde* (colección *L'histoire au jour le jour*), 1997, 27.

---

[1] Incluye las personas de los campos de refugiados de Cisjordania.

Tras un primer alto el fuego en junio de 1948, que el mediador de la ONU Folke Bernadotte (asesinado en septiembre por miembros del antiguo grupo de Stern; el gobierno de Ben Gurion disuelve las milicias Irgun y del Lehi) aprovecha para proponer un plan de paz que no prospera, el Tsahal ocupa Nazaret y la Baja Galilea y deja libre el camino hacia Jerusalén. En estos momentos, el Ejército de Israel cuenta ya con 60.000 soldados, gracias a la incorporación de voluntarios llegados de todo el mundo, y con material de guerra moderno llegado a través de un puente aéreo con Checoslovaquia. Posteriormente, el Tsahal conquista toda Galilea e inicia la ofensiva en el Neguev. En diciembre, Abdallah, de acuerdo con una asamblea de notables palestinos (y con la aquiescencia de los dirigentes isralíes), se anexiona Cisjordania y proclama el Reino de Jordania, mientras las fuerzas egipcias se baten en retirada en Gaza y en el Neguev. Finalmente, en enero de 1949, la mediación de la ONU ponía fin a la guerra: Israel controlaba el 78 por 100 del antiguo territorio de Palestina (el Plan de Partición de la ONU sólo le otorgaba el 55 por 100), que incluía toda Galilea, el Neguev y un acceso a Jerusalén; Amman se anexionaba Cisjordania, y Egipto obtenía la administración de la Franja de Gaza. Del Estado árabe de Palestina previsto en el Plan de Partición de Naciones Unidas sólo quedaba el recuerdo.

Entre febrero y julio de 1949, la firma de los armisticios de Rodas, de los que voluntariamente se excluyó Irak que rehusó participar en las negociaciones, no comportó la firma de tratados de paz entre Israel y los países árabes vecinos. En los años siguientes, Israel despierta las simpatías de Estados Unidos y de la URSS, que veía en el nuevo Estado una especie de enclave socialista en medio de los regímenes «feudales» árabes del entorno, ya que los padres de Israel y los primeros gobiernos siempre fueron laboristas (la derecha del Likud no formó parte de un gobierno hasta 1967 y no lo presidió hasta 1977). En esos años se estableció un sistema electoral estrictamente proporcional, de tal manera que nunca ningún partido ha dispuesto de la mayoría parlamentaria y, por lo tanto, desde los primeros momentos, el Mapai tuvo que gobernar en coalición con los partidos de la izquierda y los religiosos. Éstos últimos han adoptado el papel de partidos bisagra a cambio de ciertos privilegios (los miembros de las comunidades religiosas ortodoxas no pagan impuestos y están exentos del servicio militar obligatorio), de imponer una estricta observancia religiosa (la obligatoriedad de respetar el *sabbat*) y de tener la potestad de decidir quién, en virtud de la Ley del Retorno (1950), puede considerarse judío y obtener la ciudadanía israelí y quién no. Esos privilegios no pueden plasmarse en una Constitución de la que, hasta el día de hoy, Israel carece. Son también los años de la creación de un ejército moderno, profesional, popular y muy identificado con su pueblo formado por soldados de quintas y reservistas, y de la llegada de nuevos contingentes de inmigrantes procedentes de Europa y del norte de África (a mediados de los años cincuenta, los sefardíes, de origen español, árabe o mediterráneo, superaron a los azkenazis de las primeras *aliyas*, que procedían de Europa Central y Oriental).

La inmigración judía a Israel: cronología y procedencia		
Periodo	Total	Procedencia
1948-51	690.000	Marruecos, Irak, Rumanía, Irán, Polonia, Egipto, Yemen, Turquía, Bulgaria
1952-64	520.000	Europa Occidental, África del Norte
1965-90	600.000	URSS, EE.UU., África subsahariana, Rumanía, América Latina
1991-92	600.000	Rusia
Fuente: Philippe LEMARCHAND, *Atlas géopolitique du Moyen-Orient et du Monde Arabe*. Torunai-Baisieux-Neully, Complexe, 1994: 86		

El Estado de Israel muy pronto se convirtió en una inesperada potencia militar y económica y la Guerra Fría lo alineó decididamente con el bloque occidental y con Washington. La inestabilidad política de los países árabes vecinos y su negativa a reconocer al nuevo Estado propiciaron una situación de tensión permanente. Tras la guerra, Israel sólo mantenía buenas relaciones con Jordania. Ambos países habían conseguido sus objetivos y no habían excesivos puntos de desavenencias para alcanzar una paz definitiva. Se reemprenden las negociaciones secretas con Abdallah; pero, muy pronto, se descubren los contactos, y la prensa árabe emprende una dura campaña contra el rey jordano. Sin embargo, éste no suspende los contactos hasta que, el 20 de julio de 1951, es abatido por un partidario de Hadj Amin el Husseini, que vive exiliado en El Cairo, cuando entraba en la mezquita de Al Aqsa de Jerusalén. Se encontraba en la ciudad para mantener un nuevo contacto secreto con la diplomacia israelí. Hussein, su nieto y futuro rey de Jordania, contempla la escena que lo marcará durante toda su vida. Egipto también había mantenido discretos contactos con Israel, pero el golpe de Estado de los Oficiales Libres de 23 de julio de 1952 y la llegada al poder de Gamal Abdel Nasser en 1954 ponen punto final a cualquier posibilidad de entendimiento. Por último, el Pacto de Bagdad de 1955 (alianza militar entre Irak, Turquía, Gran Bretaña, Irán y Pakistán patrocinada por Estados Unidos) provoca la aproximación de Egipto a Moscú y echa leña al fuego de la Guerra Fría. La tensión se acrecienta y una nueva guerra se asoma en el horizonte.

En 1956, la presión de Estados Unidos y Gran Bretaña hizo que el Banco Mundial negara los créditos solicitados por Nasser para construir la presa de Asuan, que había de permitir poner en regadío miles de hectáreas y producir electricidad. La respuesta del rais egipcio fue la nacionalización del canal de Suez y, al mismo tiempo, cerró la única salida de Israel al mar Rojo por el golfo de Aqaba, de tal manera que Tel Aviv, a quien la Guerra Fría había alejado definitivamente de Moscú, tuvo también un pretexto para intervenir junto a las dos potencias coloniales. El 29 de octubre de 1956, el Ejército de Israel invadía el Sinaí y, dos días más tarde, Londres y París iniciaban sus operaciones contra Egipto. En respuesta, tropas iraquíes y sirias atacaban Israel. El 6 de noviembre, las grandes potencias y la ONU consiguen parar la guerra. En los meses siguientes, franceses y británicos se retiran y el Ejército de Israel se repliega al este de la línea fijada por el armisticio de 1949, que queda bajo control de los Cascos Azules.

La figura de Nasser, impulsor del socialismo árabe en Egipto, salió fortalecida de la contienda porque, a pesar de perder la guerra, se había enfrentado a las dos grandes potencias coloniales del momento y a Israel, que, por primera vez, apareció ante la opinión pública mundial como un país agresor, potencia militar de la región, y no como el resultado del tesón de un pueblo perseguido que, venciendo miles de dificultades y persecuciones, había logrado erigir un pequeño Estado socialista en Palestina.

En los años que median entre la primera y la tercera guerra árabe-israelí, las grandes familias palestinas de Cisjordania estrechan sus lazos de fidelidad con la monarquía hachemí de Ammán y se organizan políticamente. En mayo de 1964, con el beneplácito de la Liga Árabe, tiene lugar en Jerusalén Este el primer Congreso Nacional Palestino y se crea la Organización para la Liberación de Palestina (OLP), que rechaza el plan de partición de 1947 y la creación del Estado de Israel. Paralelamente, los refugiados palestinos también se organizan. En 1956, se da a conocer en Gaza un primer embrión de Al-Fatah, que propugna la liberación de Palestina sin supeditarse a los intereses de los países árabes vecinos. En octubre de 1959, tiene lugar en Kuwait el primer congreso de Al-Fatah bajo la dirección de Yasir Arafat. En 1964, Al-Fatah rechaza entrar en la OLP porque la considera una creación de los países árabes vecinos. Paralelamente, la tensión entre Israel y los países árabes no cesa de incrementarse y se suceden las escaramuzas en las fronteras. Finalmente, en mayo de 1967, Nasser solicita la retirada de los Cascos Azules del Sinaí y amenaza con cerrar el golfo de Aqaba y dejar a Israel sin salida al mar Rojo. Son los prolegómenos de la tercera guerra árabe-israelí o de los Seis Días.

Entre el 5 y el 11 de junio de 1967, Israel, donde Levi Eskhol había formado un Gobierno de Concentración con Menahem Begin, líder de la oposición de derechas, y con Moshé Dayan, que asumió el Ministerio de Defensa, llevó a cabo una guerra relámpago bombardeando, sin previa declaración de guerra, los aeródromos militares de Egipto, Siria, Jordania e Irak, y destruyendo la capacidad ofensiva aérea de estos países. Posteriormente, en una rápida ofensiva terrestre, ocupó Gaza, el Sinaí, los Altos del Golán, Jerusalén Este y Cisjordania. El gobierno de Eskhol se apresuró a declarar que la capital del Estado de Israel era Jerusalén. La cuestión de los territorios ocupados (Gaza, Cisjordania, Jerusalén Este, Altos del Golán y la península del Sinaí) se iba a convertir en la principal clave del conflicto a partir de 1967.

Así pues, los objetivos militares de Israel se habían cumplido: interponer una corona de territorios ocupados entre Israel y los países árabes vecinos que permitirían reaccionar con antelación ante la eventualidad de cualquier agresión árabe en el futuro. Sin embargo, al mismo tiempo que se cumplían esos objetivos, se dejaba bajo la Administración israelí una combativa población palestina, que incluía centenares de miles de los exiliados de 1948-49, y se provocaba un nuevo éxodo palestino que proporcionaría a la Organización de Liberación Palestina (OLP) los militantes necesarios para hostigar a Israel desde lo países vecinos, lo que a su vez produciría graves tensiones internas en algunos de esos países y favorecería la realización de atentados contra intereses israelíes en cualquier parte del mundo. En suma, la ocupación de Gaza y Cisjordania contribuyó a desarrollar un sentimiento nacional palestino que, apoyándose, ora en las acciones armadas de la OLP, ora en la actitud pactista de las elites políticas de los territorios ocupados, iba a introducir una nueva variable en el conflicto que enfrentaba a árabes y judíos, la variable palestina y su derecho a reivindicar un Estado propio frente a los intereses de los países árabes vecinos. Además, el Consejo de Seguridad de Naciones condenó (Resolución 242) la ocupación de Gaza y Cisjordania, lo que, en la práctica, ilegalizaba los asentamientos que rápidamente impulsó el recién creado movimiento *Tierra de Israel* del socialista Isaac Tabenkin, que, como la derecha anexionista, reinvindica el Gran Israel y apostaba por la anexión y el establecimiento de colonos judíos en Cisjordania.

Resolución 242, 1967 (extracto)

El Consejo de Seguridad exige [...] la aplicación de los dos principios siguientes:

a) retirada de las fuerzas armadas israelíes de los territorios ocupados* en el reciente conflicto;
b) cese de todas las amenazas de beligerancia o de todos las situaciones de beligerancias y respeto y reconocimiento de la soberanía, de la integridad territorial y la independencia política de cada Estado de la región y de su derecho a vivir en paz en el interior de unas fronteras seguras y reconocidas al amparo de actos de fuerza.

---

* La versión inglesa dice «from territories occupied», mientras que la versión francesa dice «des territoires occupés». Acogiéndose a esta diferencia, la OLP considera que Israel debe retirarse de todos los territorios ocupados, mientras que Tel Aviv considera que es suficiente con retirarse de algunos territorios ocupados.

> Además afirma la necesidad:
>
> [...]
>
> b) de llegar a una resolución justa del problema de los refugiados;
>
> Fuente: Antoni SEGURA, *Más allá del islam. Política y conflictos en el mundo musulmán*, 2ª edición, Madrid, Alianza, 2001, pp. 400-401.

La guerra de 1967 alteró profundamente las claves del conflicto árabe-israelí. En primer lugar, la alianza de Israel y Estados Unidos se hizo más que evidente y su carácter de potencia ocupante también. Además, la continuada vulneración de las resoluciones del Consejo de Seguridad de Naciones Unidas impidió cualquier salida negociada al conflicto y desacreditó a la diplomacia israelí. En segundo lugar, evidenció el declive de Egipto como gran potencia árabe y de Nasser y el socialismo árabe como puntos de referencia. En tercer lugar, la derrota árabe dio autonomía a la OLP, en donde se impuso Al-Fatah de Yasir Arafat, que preconizaba la lucha armada contra Israel y la creación de un Estado palestino. Además, desde sus bases en el este del Jordán, Al-Fatah perpetraba acciones contra posiciones israelíes en los Territorios Ocupados, lo que incrementaba la popularidad de Arafat y de la OLP entre los habitantes de dichos territorios. Esa popularidad aumentó en marzo de 1968 cuando Arafat resistió, aunque con enormes pérdidas, un ataque en toda regla del Tsahal contra la base palestina de Karameh (Jordania). Entre 1969 y 1973, Al-Fatah dio muerte a 120 civiles y 183 soldados israelíes, mientras el Tsahal mataba a 1873 guerrilleros en Israel y en los Territorios Ocupados. Por último, Tel Aviv estableció contactos regulares con los dirigentes de los Territorios Ocupados, explorando la posibilidad de crear una Administración autónoma palestina en las distintas ciudades de Cisjordania. Entre esos dirigentes destacó muy pronto Faisal el Husseini, hijo Abd el Kader el Husseini, héroe palestino de la primera guerra árabe-israelí, que prefería la estrategia política a la lucha armada.

Las acciones de la OLP contra las fuerzas israelíes en Cisjordania iban a poner en serios aprietos a Jordania, donde la población de origen palestino había llegado a representar casi el 60 por 100 del total. Además, a partir de 1968, el marxista y radical Frente Popular de Liberación de Palestina (FPLP) de George Habash opta por la piratería aérea y por realizar atentados indiscriminados fuera de las fronteras de Israel. Los militantes de las diversas fracciones de la OLP acaban configurando un Estado dentro del Estado y la situación se vuelve crítica cuando deciden atentar contra miembros del Gobierno y preparar un golpe de Estado para derrocar al rey, que había dado su apoyo al Plan Rogers que, con el acuerdo de Moscú, impulsaba Washington para encontrar una salida negociada al conflicto en base al mantenimiento de la seguridad para todos los Estados implicados, retirada israelí de los Territorios Ocupados, resolución del problema de los refugiados y definición del Estatuto de Jerusalén. En septiembre de 1970, Hussein desencadena una gran operación militar para expulsar del país a las diversas organizaciones palestinas y a sus militantes. Unos días y miles de muertos (incluidos 3.500 civiles) después, el ejército jordano controla la situación y, al cabo de un año, los últimos combatientes palestinos abandonaban Jordania para establecerse en el Líbano. La operación Septiembre Negro, nombre con que es recordada por los palestinos, había concluido. El Líbano se convierte a partir de entonces en la base de acción de la OLP, que desde el sur del país llega fácilmente a Galilea y al litoral israelí, lo que muy pronto (febrero de 1972) provocará una ofensiva del Tsahal contra el sur del Líbano y el valle de la Bekaa. Paralelamente, sobre los Altos del Golán tienen lugar combates aéreos entre Siria e Israel y se recrudecen los atentados contra ciudadanos israelíes: 30 de mayo de 1972, 27 muertos en el aeropuerto de Tel Aviv; 5 de septiembre, asesinato de 11 atletas israelíes que participaban en los Juegos Olímpicos de Múnich. El Tsahal vuelve a intervenir en el sur del Líbano y Tel Aviv responde con la guerra sucia a la nueva ola de atentados. Se estaban poniendo las bases de una nueva guerra.

El 6 de octubre de 1973, se inició la cuarta guerra árabe-israelí o del Yom Kippur (en Israel se celebraba la fiesta del día del perdón) o del Ramadán (en los países árabes coincidía con el mes del Ramadán). Los ejércitos de Egipto y Siria rompieron las hostilidades y, los primeros días, llevaron la iniciativa en el Sinaí y en los Altos del Golán. Sin embargo, a la semana de iniciado el conflicto, la contraofensiva israelí permite al Tsahal recuperar las posiciones perdidas, traspasar el canal de Suez y los Altos del Golán, amenazando El Cairo y Damasco. Tras la adopción por la ONU de la Resolución 338, el 24 de octubre, todos los contendientes aceptaron el alto el fuego. Israel conservaba sus posiciones de 1967; pero, a pesar de las importantes pérdidas en efectivos humanos y militares, los iniciales avances árabes habían demostrado que Israel no era invencible y la nueva derrota dejaba en El Cairo y Damasco un regusto menos amargo que el de siete años antes. Además, la guerra abría la puerta a una aproximación entre Egipto, que con Sadat había abandonado definitivamente su alianza con Moscú y había iniciado un proceso de aproximación a Washington, e Israel a través de la mediación de Estados Unidos.

La guerra de 1973 tuvo evidentes repercusiones internacionales, tanto por la implicación en el conflicto de las dos grandes potencias (el día 10 de octubre, Moscú establecía un puente aéreo para abastecer de armamento a sus aliados árabes y Estados Unidos hacía los mismo con Israel), como por la decisión de los países árabes exportadores de petróleo de utilizar el crudo como arma política en contra de los aliados de Israel, y dejó muchas preguntas por contestar: ¿cómo es posible que el Mossad y los principales servicios secretos no se enteraran de los preparativos de la guerra, a pesar de que Sadat lo había anunciado con 15 días de antelación a Breznev y que no era ningún secreto que los países árabes se estaban preparando para la guerra? ¿Por qué Israel no tomó medidas preventivas, tardó tanto en reaccionar y, según parece, Golda Meir se esforzó en moderar la contundencia de la respuesta de los generales del Tsahal para evitar una nueva derrota humillante a los árabes?

En enero de 1974, se llega a un acuerdo de interposición de fuerzas de Naciones Unidas entre las tropas de Israel y Egipto tras la gira realizada por la región del secretario de Estado norteamericano Henry Kissinger en otoño del año anterior. En septiembre de 1975, un nuevo acuerdo permite que Egipto recupere la mitad de la península del Sinaí. Dos años más tarde, en noviembre de 1977, el presidente Anuar el Sadat realiza un trascendental viaje a Jerusalén y en su intervención ante el Parlamento israelí hace una encendida defensa de la paz bajo la atenta mirada de Menahem Begin, presidente del nuevo Gobierno del Likud, vencedor en las elecciones de mayo de aquel mismo año. Finalmente, en septiembre de 1978, Egipto e Israel firman los

Acuerdos de Camp David y, en marzo de 1979, el tratado de paz, que contemplaba el desmantelamiento de los asentamientos judíos (30.000 colonos) y el retorno del Sinaí a Egipto en el plazo de tres años. Ambos países recibieron ayudas de Estados Unidos: Israel, militar y económica, y Egipto, económica. En suma, se había dado el primer paso de la *pax americana*, que beneficiaba a los dos países (Egipto recuperaba el canal de Suez, el Sinaí y sus pozos de petróleo, e Israel obtenía el reconocimiento del principal Estado árabe del momento y garantías de seguridad en sus fronteras occidentales) y reafirmaba la autoridad política de los Estados Unidos en la región. La firma de los Acuerdos de Camp David fueron muy mal recibidos por los países árabes, que interpretaron el compromiso de Sadat con Israel como una traición a la causa palestina, y comportaron la exclusión de Egipto de la Liga Árabe durante casi una década (1979-1987).

Tras la guerra de 1973, la reivindicación palestina va experimentar una doble evolución. Por una parte, desde sus bases en el Líbano, las diversas fracciones de la OLP incrementan sus acciones armadas en Israel, lo que llevó a una primera intervención del Tsahal en el sur de Líbano en 1978, o practican acciones de terrorismo internacional contra intereses judíos (1976, secuestro de un avión que hacía el trayecto París-Tel Aviv; 1980 y 1982, atentados contra un restaurante judío y una sinagoga en París). Al mismo tiempo, la OLP y Yasir Arafat obtenían un creciente reconocimiento internacional: 1973, nueva Resolución (338) del Consejo de Seguridad de Naciones Unidas, que reclama la aplicación de la Resolución 242 de 1967 y solicita a las partes que inicien negociaciones para instaurar una paz justa y duradera en Oriente Próximo; 1974, se dispensa un gran recibimiento a Yasir Arafat en Naciones Unidas, se concede el estatuto de observadora a la OLP y se reafirma el inalienable derecho del pueblo palestino a la la independencia; 1977, la CEE reconoce el derecho de los palestinos a tener una patria. Por otra parte, en 1976, los dirigentes del interior deciden participar en las elecciones municipales que se celebran en los territoirios ocupados con un éxito notable: el denominado Frente Nacional (nacionalistas de izquierda, comunistas y simpatizantes de la OLP) obtiene el 75 por 100 de los votos y 14 de las 23 alcaldías más importantes. Es un precedente del protagonismo de esos mismos dirigentes en la Intifada de una década más tarde y de la reconversión política de la OLP.

La paz americana y la intervención israelí en el Líbano, que vivía una cruenta guerra civil desde 1975, iban a cambiar también las perspectivas del conflicto. A principios de junio de 1982, Menahen Begin ordenó al Ejército de Israel que penetrara en el Líbano para poner fin a la acción de los comandos palestinos. La operación Paz en Galilea se había concebido como una acción limitada al sur del Líbano, pero las divisiones blindadas del Tsahal avanzaron rápidamente en tres frentes hacia Beirut y el valle de la Bekaa, donde se encontraba apostado el Ejército sirio y donde tuvieron lugar importantes combates aéreos y violentos enfrentamientos de carros de combate. El sueño del ministro de Defensa Ariel Sharon era un Líbano sin palestinos, controlado por la minoría cristiano maronita y aliado de Israel. Tenía incluso el hombre para dirigir el país: Bachir Gemayel, líder de las Falanges libanesas. El Tsahal llegó hasta Beirut, en cuyo barrio oeste quedaron aisladas y rodeadas las tropas palestinas y medio millón de civiles palestinos y libaneses musulmanes. Tras dos meses de intensos bombardeos, la mediación internacional permitía la salida de Arafat y de algunos miles de combatientes palestinos. A mediados de septiembre, un atentado destrozaba la sede de las Falanges libanesas y Gemayel perdía la vida. Unos días después, las falanges cristianas asaltaban los campamentos de refugiados palestinos de Sabra y Chatila y masacraban a la población (entre 1000 y 3000 personas muertas, hombres pero también muchas mujeres, ancianos y niños) sin que el Tsahal hiciera nada para evitarlo. Era el fin del sueño de Sharon porque la presión y la movilización del movimiento pacifista israelí Paz Ahora le obligó a dimitir a casusa de las masacres, y el Tsahal debía replegarse, manteniendo ocupada sólo una estrecha franja en el sur del Líbano, lo que permitió a Arafat volver al Líbano en 1983, para ser de nuevo expulsado, ahora definitivamente, por una coalición de fuerzas que incluía disidentes de la OLP y tropas cristianas y sirias. La sede de la OLP se trasladó a Túnez, donde fue bombardeada por la aviación israelí en 1985.

En Israel, a medida que la operación Paz en Galilea abandonaba sus objetivos limitados y el Tsahal llegaba hasta Beirut, se produjo una creciente reacción en contra de la ocupación del Líbano. El 25 de junio de 1982, un comité contra la guerra reunió 20.000 personas en una manifestación en Tel Aviv. El 3 de julio, el movimiento Paz Ahora, fundado en 1978 por reservistas que pedían negociaciones directas con los palestinos, congregaba 100.000 personas en Tel Aviv para exigir la retirada del Líbano. El malestar crecía a medida que se conocían las atrocidades de la guerra, el papel no siempre intachable del Tsahal y el número de soldados muertos. Algunos reservistas se negaron a reincorporarse al ejército y formaron una concentración permanente delante de la casa de Begin exigiendo el fin de la guerra. Los objetores de conciencia se organizaron en un grupo denominado Soldados Contra el Silencio. La acción de mayor resonancia la protagonizó un joven coronel, Eli Geva, que había conducido su columna de blindados hasta Beirut, pero que se negó a disparar indiscriminadamente contra la población asediada entre la que había decenas de miles de civiles. Su gesto fue alabado por Arafat y acabó siendo expulsado del ejército. Sharon y Begin perdían la batalla mediática y la visión de los civiles libaneses soportando los bombardeos israelíes acabaron por comprometer la imagen de Israel, cuyos apoyos exteriores disminuían día a día. Las masacres de Sabra y Chatila fueron el punto de inflexión definitivo. El 25 de septiembre, el movimiento Paz Ahora, con el apoyo del Partido Laborista y de otras organizaciones de izquierdas, convocó una nueva manifestación en la plaza de los Reyes de Tel Aviv. Nunca se había vivido nada igual: 400.000 ciudadanos de Israel, el 15 por 100 del total de la población, acudieron a la cita, que se convirtió en la manifestación con mayor asistencia de toda la historia de Israel, y reclamaron la retirada del Líbano y la dimisión del Gobierno. También se escucharon algunas voces favorables a establecer negociaciones con la OLP.

En junio de 1985, con Simon Peres (Partido Laborista) de primer ministro, Israel ponía fin oficialmente a su presencia en el Líbano, aunque conservando una denominada Zona de Seguridad (850 km^2) en el sur del país. El sueño de Begin y Sharon se había saldado con más de 600 israelíes y miles de víctimas libanesas. No se había conseguido ninguno de los objetivos iniciales, porque en el Líbano las Falanges cristianas no se habían hecho con el poder y el país seguía sin ser un aliado de Israel, porque la tutela política de Damasco sobre Beirut proseguía y sus tropas continuaban en el valle de la Bekaa y porque no se había conseguido anular totalmente la capacidad de maniobra política de la OLP.

El camino de una paz imposible

A partir de mediados de los ochenta, el alejamiento de la sede de la OLP de los territorios ocupados le resta capacidad de maniobra militar y compromete su liderazgo político en Cisjordania y, sobre todo, en Gaza, a medida que aumenta la presencia del Congreso Islámico (el futuro Hamás) de Ahmed Yassín, que mantiene estrechos vínculos con los Hermanos Musulmanes de Egipto y Jordania, y goza de la ayuda saudí y de la connivencia israelí. Además, la proliferación de asentamientos judíos en los Territorios Ocupados (de los 5.000 de 1977 se había pasado a los 44.000 de 1984) cuestiona la eficacia de una lucha armada que, una vez perdidas las bases en Jordania y Líbano, se transforma en acciones terroristas a escala internacional, que dañan la imagen de la causa palestina. Por si fuera poco, la presencia del Partido Laborista en el Gobierno de Tel Aviv es una oportunidad para negociar la cuestión de los Territorios Ocupados, aunque para ello haya que renunciar a la lucha armada, porque sino los laboristas seguirán negociando directamente con Jordania, que se había anexionado Cisjordania tras la guerra de 1948-1949 y que, a pesar de la ocupación, conservaba la administración religiosa del territorio. Se impone, pues, un cambio de estrategia. Es entonces cuando tienen lugar, en Nueva York y en distintas capitales europeas, las primeras entrevistas secretas entre la OLP y representantes del Gobierno de Israel. La base de los contactos es la aceptación de la Resolución 242, que comporta la renuncia de la OLP a la lucha armada y el reconocimiento implícito del Estado de Israel a cambio de la restitución de los Territorios Ocupados a sus legítimos propietarios. Se perfila por primera vez una negociación basada en la premisa «paz por territorios». En febrero-abril de 1986, en el marco de las primeras negociaciones secretas con Israel en París y Bruselas, la OLP muestra su disposición a renunciar al terrorismo y a aceptar la Resolución 242 del Consejo de Seguridad de la ONU. Poco después, en la cumbre del Movimiento de Países No Alienados de Harare (Zimbabue), Yasir Arafat hace pública la disposición de la OLP a renunciar al terrorismo y a aceptar la Resolución 242.

Paralelamente, a finales de 1987, la Intifada dio voz a la población de los Territorios Ocupados, que exigía que se pusiera fin de una vez a la ocupación tras dos décadas de lucha armada y enfrentamientos militares que no habían conseguido mover un ápice las posiciones israelíes. En cambio, la Intifada tendrá el triple efecto de mellar la imagen de Israel, de restituir una imagen palestina muy deteriorada por los atentados y las acciones terroristas y de aproximar las posturas de la OLP a las de la población de los Territorios Ocupados, que es la que, desde 1967, convivía y negociaba cada día con el invasor israelí.

La Intifada (*levantamiento* en árabe) dio comienzo en Gaza el 8 de diciembre de 1987 cuando los palestinos del campamento de refugiados de Jabaliya no acudieron a trabajar e iniciaron un movimiento de protesta por la muerte de cuatro palestinos del campo, cuya camioneta había sido arrollada por un camión israelí. La intervención del Ejército israelí provocó el primer muerto y el movimiento se extendió rápidamente a Jerusalén Este y Cisjorania. El mundo oía por primera vez la voz de las elites políticas de los territorios ocupados a través de los comunicados del Mando Nacional Unificado.

La Intifada surgía tras 20 años de ocupación, cuando muchos jóvenes no conocían otra cosa que la opresión israelí, el miedo de sus padres y abuelos y el olvido de los países árabes vecinos. Era una generación que había podido estudiar masivamente, pero que carecía de futuro más allá del paro o del trabajo jornalero en Israel. Como señala Gilles Kepel, la caída de las rentas del petróleo había mermado las posibilidades de emigración y había reducido la llegada de remesas de los emigrados y de la ayuda procedente de los países árabes petroleros. Todo ello coincidía con una multiplicación de los asentamientos en los Territorios Ocupados para dar cabida a la creciente inmigración rusa y con las dificultades que ponía Tel Aviv a cualquier iniciativa económica que pudiera afirmar una entidad autónoma palestina. Sin embargo, Tel Aviv pagó muy cara la Intifada, porque la imagen de Israel pasó a ser la de un ocupante que aplastaba una rebelión protagonizada por mujeres y niños armados con palos y piedras. La brutalidad y la desigualdad del enfrentamiento decantaron la batalla mediática a favor de la causa palestina a medida que las cadenas de televisión transmitían a todo el mundo imágenes difíciles de justificar, como la cara de dolor de un joven palestino a quien unos soldados israelíes golpean repetidamentre con una piedra el brazo estirado e inmovilizado hasta que el codo cede y el brazo se dobla al revés.

La dirección de la OLP y, sobre todo, Yasir Arafat comprendieron muy pronto que había que aunar esfuerzos con los dirigentes del interior y liderar políticamente en el exterior la Intifada. Era una oportunidad única para avanzar políticamente en el principio de «paz por territorios» y conseguir el anhelado objetivo de instaurar un Estado palestino, aunque fuera a costa de reconocer el Estado de Israel y limitar, por lo tanto, la futura entidad palestina a los territorios ocupados de Gaza y Cisjordania. Para conseguirlo habría que establecer negociaciones con Israel y obtener el apoyo de Estados Unidos. Y es en ese contexto que, tras la renuncia de Hussein de Jordania a cualquier reivindicación futura sobre Cisjordania (julio de 1988), toma sentido la declaración del Estado Independiente de Palestina por el Consejo Nacional Palestino, al mismo tiempo que la OLP reafirma el rechazo de la práctica del terrorismo como instrumento de acción política y acepta las Resoluciones 181 y 242 de Naciones Unidas (noviembre de 1988).

La guerra del Golfo (1991), en la que no participó Israel, y el compromiso de Washington de encontrar una solución al conflicto a cambio de la inclusión de los países árabes en la coalición internacional contra Irak, permitió que se impusiera el principio de «paz por territorios». Washington tuvo que ejercer toda la presión de que era capaz para obligar a Isaac Shamir y el Gobierno del Likud a participar en la Conferencia de Paz de Madrid, que tenía lugar en octubre de 1991. Tampoco fue fácil lograr la participación de Siria y el Líbano. La Delegación palestina quedó finalmente integrada en la representación jordana, porque Shamir no aceptaba negociar directamente con los palestinos, y la formaban algunos de los dirigentes más significados de los territorios ocupados (Faysal el Husseini, Hanan Ashrawi, Haider Abdel Shafi y 11 delegados más), que mantuvieron reuniones previas y estuvieron en permanente contacto con Yasir Arafat y la OLP que, oficialmente, había sido excluida. Por primera vez desde Camp David, árabes e israelíes negociaban oficialmente en público y en Madrid establecieron las bases, los apartados, las condiciones y el calendario de las futuras negociaciones en base a la aceptación de las resoluciones de Naciones Unidas y del principio de paz a cambio de territorios. En las negociaciones bilaterales que siguieron después en Washington, el apoyo de Estados Unidos y de la Comunidad Económica Europea al liderazgo de Arafat y de los sectores más moderados de la OLP y la victoria laborista de 1992 permitieron superar los últimos obstáculos que se oponían al Proceso de Paz.

En paralelo a las negociaciones de Washington, la OLP y el Gobierno de Israel negociaban secretamente en Oslo. El 20 de agosto de 1993, cerraban el Acuerdo de Oslo, que era sancionado, el 13 de septiembre de 1993, por Isaac Rabin y Yasir Arafat en Washington, en presencia del presidente Bill Clinton. La denominada Declaración de Principios sobre los Acuerdos Provisionales de la Autonomía Palestina suponía el reconocimiento mutuo del Estado de Israel y de la OLP y abría las puertas a la autonomía de Gaza y Cisjordania, dejando para más adelante la negociación del Estatuto definitivo y de Jerusalén. El 25 de febrero de 1994, el atentado de Hebrón (un terrorista, miembro de la extrema derecha israelí, daba muerte a 25 palestinos que oraban en la mezquita Ibrahim) no lograba frenar el Proceso de Paz pero ponía al descubierto uno de los problemas más difíciles de resolver: la negativa de los colonos y de los grupos defensores del Gran Israel a desmantelar los asentamientos de los Territorios Ocupados.

En mayo de 1994, el Acuerdo de El Cairo ponía las bases de la futura Autoridad Nacional Palestina (ANP) y permitía el regreso de Yasir Arafat a Gaza dos meses más tarde. En octubre de aquel mismo año, Jordania se convertía en el segundo Estado árabe que reconocía al Estado de Israel tras firmar un tratado de paz con Tel Aviv. Por último, y a pesar de los nuevos asentamientos judíos y de los brutales atentados de la Jihad Islámica y de Hamás, el 28 de septiembre de 1995, Isaac Rabin y Yasir Arafat firmaban en Washington un nuevo acuerdo provisional (Oslo II) que regulaba y extendía el régimen de autonomía a Cisjordania.

El Acuerdo de Oslo II, 1995 (resumen)

El denominado Acuerdo de Oslo II, cuyo nombre oficial es **Acuerdo interino israelí-palestino sobre Cisjordania y la Franja de Gaza**, fue firmado en Washington el 28 de septiembre de 1995 y consta de 31 artículos, 7 anexos y 8 mapas. Entre las disposiciones más importantes destacan las referidas al calendario para lograr un acuerdo definitivo, a las instituciones palestinas (Consejo y Jefe de la Autoridad palestina) y a la división de Cisjordania en tres zonas de soberanía distintas:

> 1. El establecimiento de un Consejo palestino y de un jefe de la Autoridad palestina autónoma interina, que serán elegidos por un periodo transitorio que no puede exceder en cinco años a contar desde la firma del Acuerdo sobre la Franja de Gaza y la región de Jericó (el Acuerdo de El Cairo de 4 de mayo de 1994), periodo en el que se concluirá un acuerdo definitivo basado en las Resoluciones 242 y 338 del Consejo de Seguridad.
> 2. El Ejército de Israel se replegará según la división en zonas de Cisjordania, sin incluir Jerusalén, prevista en el Acuerdo. La zona A queda totalmente bajo el control de la Autoridad palestina y comprende Jericó y todas las ciudades palestinas importantes (Jenine, Nablús, Tulkarem, Kalkilya, Ramala, Belén y Hebrón). En la zona B, que incluye una docena de regiones rurales y todas las pequeñas localidades de población palestina, la Autoridad palestina ejerce los poderes civiles (ayuntamientos), pero la seguridad corresponde al Ejército de Israel. La zona C queda totalmente bajo el control de Israel y engloba la mayoría de las colonias judías y comprende más de la mitad de Cisjordania.
>
> Fuente: Antoni SEGURA, *Más allá del islam. Política y conflictos en el mundo musulmán*, 2ª edición, Madrid, Alianza, 2001, pp. 402-403.

Los acuerdos de Oslo dividían Cisjordanía en tres zonas distintas: de administración plena palestina (zona A), de administración compartida israelí-palestina (zona B) y de administración plena de Israel (zona C). Esta última zona incluía las 140 colonias existentes entonces, los cuarteles israelíes y las tierras públicas confiscadas, es decir, cerca del 70 por 100 de Cisjordania y, por supuesto, las mejores tierras como la franja paralela a la frontera con Jordania bañada por el río Jordán y el mar Muerto. Así pues, la aplicación de los acuerdos de Oslo suponía que la ANP controlaría una constelación de enclaves palestinos semiautónomos en un territorio discontinuo, que, en el mejor de los casos, sumadas las zonas A y B, le supondrían el 25 por 100 de la superficie del territorio y cerca del 70 por 100 de la población palestina de Cisjordania. Además, en las zonas B y C, Israel ha construido importantes vías de comunicación que rodean los enclaves palestinos (los denominados *by pass*) y que permiten comunicarse entre sí a las colonias judías sin pisar tierra bajo soberanía de la ANP. Esas mismas vías, controladas por el Ejército de Israel, permiten aislar totalmente entre sí las zonas de soberanía palestina y someterlas a un bloqueo como ha ocurrido en varias ocasiones. En palabras de Alain Gresh, esto en Sudáfrica se denominaba, no hace mucho, política de *apartheid* y, en este caso, las ciudades y las localidades palestinas de las zonas A y B serían los bantustanes.

El Acuerdo de Oslo II preveía también la elección de un Consejo y de un presidente de la ANP, la derogación de los artículos de la Carta Nacional Palestina que hacían referencia a la destrucción del Estado de Israel y la fijación de una fecha límite para empezar a negociar el estatuto final, que debería estar listo antes del 4 de mayo de 1999, fecha límite para la declaración de independencia del futuro Estado palestino y para llegar a un acuerdo sobre los colonos, las fronteras y el reparto del agua del valle del Jordán. El 20 de enero de 1996, tuvieron lugar las elecciones previstas y Arafat, Al-Fatah y los dirigentes del interior surgidos durtante la Intifada obtenían una clara victoria. Sin embargo, los acuerdos dejaban demasiados cabos por atar. No cotemplaban el derecho al rertorno de los refugiados y no reconocían a Jerusalén como capital del futuro Estado palestino. Además, unos días antes, el 4 de noviembre, el asesinato de Isaac Rabin por un terrorista de la extrema derecha israelí había asestado un duro golpe al Proceso de Paz. El desánimo se fue extendiendo entre la población palestina y se agudizó tras la desafortunada intervención de Simon Perez, que había reemplazado a Rabin, en el sur del Líbano (abril de 1996) y, sobre todo, con la victoria del Likud y de Benjamin Netanyahu en las elecciones de mayo de 1996.

La victoria del Likud, muy sensible a la presión de los colonos, que habían ampliado sus enclaves en Hebrón y en Jerusalén Este, y de los grupos religiosos ultraconservadores, comportó la paralización del Proceso de Paz y el estallido de sucesivas crisis: septiembre de 1996, la construcción del túnel de los asmoneos bajo la Explanada de las Mezquitas se salda con una ola de violencia en la que perecieron 62 palestinos y 14 soldados israelíes; enero-febrero de 1997, Israel incumple los acuerdos sobre la retirada de los colonos de Hebrón; febrero-abril de 1997, nuevos incidentes como consecuencia de la construcción del nuevo barrio judío de Har Homa en Jerusalén Este. Tras 19 meses de paralización del proceso, sólo la presión de Washington logró reunir a las partes en la maratón negociadora de Wye River (o Wye Plantation) en octubre de 1998. El principio básico de la negociación y de los objetivos fijados en la declaración final fue seguridad a cambio de territorios. A cambio de garantizar determinadas medidas de seguridad, la ANP obtenía el control, exclusivo o mixto, sobre un 40 por 100 de Cisjordania. Sin embargo, el recorrido político del Memorándum de Wye Plantation fue muy corto (lo más relevante la inauguración del aeropuerto de Gaza destruido por el Tsahal en la ofensiva militar del 2002); porque, el 18 de diciembre de aquel mismo año, el Gobierno de Tel Aviv suspendía unilateralmente su aplicación. Poco después, Netanyahu era acusado de fraude, soborno, abuso de confianza y obstrucción a la justicia y el Parlamento israelí convocaba elecciones anticipadas para el 17 de mayo. Arafat recibió presiones internacionales para posponer la declaración del Estado palestino a la espera de una victoria del Partido Laborista. A cambio, la Unión Europea (UE) proclamó «el derecho permanente y sin restricción de los palestinos a la autodeterminación, incluyendo la posibilidad de constituir un Estado».

En mayo de 1999, el Partido Laborista y Ehud Barak ganaban las elecciones legislativas y presidenciales. Parecía que, por fin, la paz podría abrirse camino ya que las intenciones del nuevo gobierno, que se apoyaba sobre un fragil equilibrio de alianzas parlamentarias, que incluían al Shas, el partido ultrareligioso y tercera fuerza política de Israel, eran alcanzar un acuerdo con Yasir Arafat en el menor espacio de tiempo posible. A este efecto, se firmaba, el 4 de septiembre de 1999, el Memorándum de Charm el-Cheikh (Egipto), donde se recogía la voluntad de ambas partes de llegar a un acuerdo marco definitivo antes del 13 de septiembre de 2000, basado en la aplicación de las Resoluciones 242 y 338 del Consejo de Seguridad, de proceder a una nueva retirada parcial del Tsahal de Cisjordania, de ampliar la zona bajo control de la ANP, de liberar nuevos contingentes de presos políticos palestinos y de establecer dos corredores de seguridad entre Gaza y Cisjordania. Al mismo tiempo, se reanudaban en Washington las conversaciones entre Israel y Siria y se producía la precipitada (estaba prevista para principios de julio) retirada de Israel del Líbano en mayo de 2000 (de los más de 21.000 soldados muertos en combate en toda la historia de Israel, la ocupación del Líbano es la «guerra» que ha causado más víctimas). Sin embargo, a medida que avanzaban las negociaciones con los palestinos, Barak iba perdiendo apoyos en el Parlamento israelí y era duramente criticado por la oposición conservadora y los grupos ultrareligiosos.

Entre el 11 y el 24 de julio del 2000, tuvieron lugar las conversaciones de Camp David. Las propuestas que se hicieron desbordaban la distribución en zonas y con controles compartidos de los Acuerdos de Oslo, que hacían inviable el futuro Estado palestino, para intentar llegar a un acuerdo global, seguro y estable, que no se llegó a alcanzar. Fue un fracaso tremendo. El empeño de Bill Clinton y de la UE dieron paso a un intenso agosto de negociaciones, pero tampoco se consiguió hacer avanzar el proceso, a pesar de que Yasir Arafat posponía por segunda vez la declaración de independencia del Estado palestino prevista para el 13 de septiembre de 2000. Todo fue inútil y la decepción entre la población palestina de los territorios ocupados era evidente, pero el temor de las partes a cerrar un acuerdo definitivo, que ya no tendría posibilidades de rectificarse, también.

El 13 de septiembre del 2000, día previsto en el Memorándum de Charm el-Cheikh para la declaración del Estado palestino, Jerusalén amaneció tranquilo y los fieles acudían a orar al Muro de las Lamentaciones y a la Explanada de las Mezquitas (*Haram Al Sharif*). No se había perdido todavía la esperanza de encontrar una salida al contencioso más difícil: la soberanía imposible sobre el monte del Templo, para los judíos, o *Haram Al Sharif*, para los árabes, que incluye las mezquitas de Omar y Al Aqsa y el magnífico edificio *Qubatt el Sakkra*, que contiene la roca del centro del mundo donde se cree que Abraham ofreció su hijo en sacrificio a Dios, dando origen al monoteismo, y que Mahoma y el Arcángel Gabriel dejaron sus huellas. Es imposible establecer una línea de separación entre el Muro de las Lamentaciones y la Explanada de las Mezquitas porque ésta fue edificada sobre las ruinas del templo de Salomón, reconstruido por los exiliados de Babilonia y por Herodes y, definitivamente, destruido en el año 70. Del templo sólo queda un único vestigio visible: el Muro Occidental o de las Lamentaciones, convertido en uno de los soportes de la explanada.

El estallido de la paz

Y, en esto, el 28 de septiembre del 2000, llegó Ariel Sharon, el responsable de las masacres de Sabra y Chatila, que visitó la Explanada de las Mezquitas pocos días después de que Barak anunciara que estaba dispuesto a considerar la soberanía palestina sobre Jerusalén Este, una doble capitalidad para la ciudad y algún tipo de soberanía internacional (posiblemente de la ONU) sobre el Monte del Templo. Unos días antes, el prestigioso diario hebreo *Haaretz* filtraba la que parecía ser una de las últimas propuestas: confiar la soberanía del Monte del Templo a un organismo internacional –preferiblemente la ONU– que, a su vez, confiaría la jurisdicción y la gestión de la Explanada de las Mezquitas al futuro Estado palestino y la del Muro de las Lamentaciones al Gobierno de Israel, es decir, administración horizontal palestina y vertical y subterránea israelí (se cree que debajo de *Haram Al Sharif* se encuentran las ruinas del Templo de Salomón). Según Shlomo Ben Ami, el principio de una soberanía en horizontal y otra en vertical fue sugerida por el presidente francés Jacques Chirac y se basa en una ley de los oceános que aplica el mismo principio de verticalidad, diferenciando la superficie y las profundidades. Con su visita, Ariel Sharon indicaba claramente su oposición a tales concesiones y hacía el gesto que esperaban del partido conservador los miles de colonos judíos que viven en los asentamientos (ilegales porque incumplen las resoluciones de la ONU) de Jerusalén Este, la parte árabe de la ciudad. Indirectamente, Sharon reafirmaba su liderato en el Likud, tímidamente disputado por un Benjamin Netanyahu sobreseído de los cargos que se le imputaban. En suma, la visita de Sharon fue la provocación que encendió la mecha de la desesperación palestina y dio origen a la segunda Intifada o de Al Aqsa.

La nueva Intifada prendió rápidamente en Gaza y Cisjordania. La población palestina de los territorios ocupados había vivido con frustración el aplazamiento en dos ocasiones de la declaración del Estado palestino. La revuelta tomó muy pronto unas dimensiones y una intensidad inesperada. La implicación de círculos políticos y militares próximos a Arafat sirvió de argumento a Tel Aviv para justificar la dura y desproporcionada respuesta del Tsahal (el ejército hebreo utilizó de nuevo los *mistarbim*, unas unidades especiales creadas a raíz de la Intifada de 1987, que hablan y visten como los palestinos y se infliltran en los barrios árabes) y de la policia israelí. Las escenas de violencia injustificable dieron la vuelta al mundo: la visión de un padre que intentaba proteger en vano la vida de su hijo de doce años, abatido por las balas israelíes en Gaza, hizo retroceder bruscamente la imagen de Israel (30 de septiembre de 2000); la filmación de la participación de la policia palestina en el linchamiento en Ramala de dos soldados israelíes también tuvo un fuerte impacto negativo sobre la opinión pública internacional (12 de octubre de 2000). Sin duda, Arafat especuló con una revuelta que se le fue de las manos y Barak perdió los pocos apoyos que tenía: en diciembre anunció su dimisión y la convocatoria de elecciones anticipadas para primer ministro el 6 de febrero de 2001.

Había empezado el descenso a los infiernos de Barak, que no supo reaccionar ante la provocación de Sharon ni supo hacer frente a la situación. Además, la extensión de la Intifada a las ciudades árabes de Israel (13 árabes con ciudadanía israelí perdieron la vida) dejó a Barak sin el apoyo tradicional del voto árabe-israelí, que se cifra en torno al 12-14 por 100. Su derrota electoral era una derrota anunciada. De poco valieron los últimos intentos, a la desesperada, de llegar a un acuerdo entre el Gobierno de Barak y la ANP. Lo intentaron Bill Clinton y Mubarak convocando una segunda cumbre de *Sharm El Sheik* (16-17 de octubre de 2000) con el objetivo de que Barak y Arafat pusieran fin a la crisis de la Intifada de Al Aqsa. Lo intentó de nuevo Bill Clinton en diciembre de 2000, fijando los denominados parámetros Clinton que concedían al futuro Estado palestino toda la franja de Gaza, en torno al 95 por 100 de Cisjordania (sin contar Jerusalén) y la soberania sobre los barrios árabes de Jerusalén Este y la Explanada de las Mezquitas, y la soberania israelí sobre el Muro de las Lamentaciones. Todavía se intentó de nuevo bajo los auspicios de la UE (la nueva Administración norteamericana, demasiado ocupada en el cambio de poderes, no acudió a la reunión negociadora) en Taba (Egipto) entre el 21-27 de enero de 2001.

De acuerdo con el resumen hecho por Miguel Ángel Moratinos, Enviado Especial de la Unión Europea para el Proceso de Paz del Próximo Oriente, en Taba, las negociaciones partieron de los parámetros Clinton y, en consecuencia, se estableció que la ANP obtendría toda la franja de Gaza, que Israel se anexionaría, reagrupando los asentamientos y el 80 por 100 de los colonos, entre un 6 por 100 (posición defendida por la delegación israelí) y un 3 por 100 (posición defendida por la delegación palestina) de Cisjordania, que se procedería a un intercambio compensatorio de territorios no superior al 3 por 100 del total de Cisjordania y que se establecería un corredor de seguridad para comunicar Gaza y Cisjordania. Se habían aproximado posiciones, pero sin llegar a un acuerdo para establecer la doble capitalidad de Jerusalén (Jerusalén Este quedaría bajo soberanía palestina) y para aceptar una soberanía israelí sobre el Muro de las Lamentaciones y una soberanía palestina sobre la Explanada de las Mezquitas. También se había avanzado mucho en los temas relacionados con el futuro Estado palestino: el trazado de las fronteras definitivas, la presencia temporal de tropas israelíes o internacionales para garantizar la seguridad de Israel, la soberanía palestina sobre el espacio aéreo del nuevo Estado palestino y la consideración de éste como estado no militarizado o con armamento limitado. Las discrepancias más grandes y sobre las que apenas hubo aproximación tenían que ver con el tema de los refugiados. Y, sin embargo, Taba concluyó en fracaso, porque quedaban menos de 15 días para las elecciones israelíes y el calendario se les echó encima a los negociadores sin que hubieran llegado a un acuerdo. En la declaración final conjunta de Taba, Shlomo Ben Amí, ministro de Asuntos Exteriores del Gobierno de Israel, y Ahmed Qoreï (Abu Ala), presidente del Consejo Legislativo Palestino, manifestaban que «nunca habían estado tan cerca de un acuerdo y comparten la convicción de que los obstáculos pendientes de solución podrán solventarse con una reanudación de las negociaciones al día siguiente de las elecciones israelíes». La declaración escondía las dificultades insalvables de las dos delegaciones para cerrar un acuerdo definitivo. Para un sector mayoritario del equipo de Ehud Barak aceptar lo que se había discutido en Taba, con las elecciones a la vuelta de la esquina, era ir directo al desastre electoral y prefirió firmar una declaración de principios y dejar para después de las elecciones la negociación del acuerdo sobre el Estatuto final. Para la ANP, tras las víctimas de la última crisis, el plan también era inaceptable porque como recalcó el equipo negociador «1) divide el Estado palestino en tres cantones separados, desconectados y divididos por las carreteras reservadas a los judíos o reservadas a los árabes, que ponían así en peligro su integridad; 2) divide el Jerusalén palestino en un número de islotes desconectados los unos de los otros como del resto de Palestina».

En definitiva, nunca se estuvo tan cerca de la paz. En Camp David, en Taba, casi todos los temas estaban cerrados, la paz se tocaba con la punta de los dedos, pero faltó decisión para ponerse de acuerdo sobre dos cuestiones fundamentales y de gran trascendencia para la opinión pública palestina e israelí: la soberanía sobre Jerusalén-Este y el derecho al retorno de los refugiados.

Por un lado, la cuestión de Jerusalén parece de muy difícil solución, porque Jerusalén-Al Qods es, al mismo tiempo, el símbolo y el gran pretexto. Símbolo porque contiene los principales lugares santos del judaísmo y, después de La Meca y Medina, los más importantes del islam. Símbolo porque el Parlamento israelí dispuso el 30 de julio de 1980 que Jerusalén fuera la capital de Israel. Lo mismo pretenden los palestinos. Pretexto porque esconde un problema que no es religioso sino político, que es el resultado de la política de colonización llevada a cabo por Israel desde que ocupó Jerusalén Este en 1967. En septiembre de 1967, la ciudad tenía 267.800 habitantes: 196.800 israelíes (el 73,5 por 100) y 71.000 palestinos (el 26,5 por 100). En 1998, Jerusalén tenía 630.000 habitantes: 180.000 judíos en Jerusalén Este (el 28,6 por 100); 200.000 palestinos en Jerusalén Este (el 31,7 por 100); 250.000 judíos en Jerusalén Oeste (el 39,7 por 100). En suma, dada la mayor fecundidad de la población árabe, ese 68,3 por 100 de judíos residentes en la ciudad y, sobre todo, ese 28,6 por 100 que residían en Jerusalén Este son fruto de la inmigración y de las colonizaciones favorecidas tanto por los gobiernos laboristas como por los conservadores. El problema político real son, pues, como en el resto de Gaza y Cisjordania, el peso político y electoral de los colonos, que se niegan a abandonar los asentamientos y también a acatar una futura autoridad palestina en la parte este de la ciudad. Además, la evolución del número de colonos deja claro que Israel, en contra de lo que dicen sus gobiernos, ha aprovechado el Proceso de Paz para incrementar los asentamientos: a principios de 1992, los colonos que vivían en los territorios ocupados eran unos 140.000; hoy pasan de 400.000: unos 180.000, en Jerusalén Este; unos 200.000, en el resto de Cisjordania; 6.500, en Gaza y 17.000, en los Altos del Golán (territorio ocupado sirio). Conclusión: Israel ha aprovechado el Proceso de Paz para incrementar los asentamientos.

Por otro lado, el derecho al retorno de los refugiados de 1948 y sus descendientes queda bien explicitado en las Resoluciones de Naciones Unidas (especialmente en la 194 de 1948 y la 242 de 1967) pero, según el Gobierno de Tel Aviv, para Israel resulta innegociable, porque pondría en peligro sus estructuras demográficas y la viabilidad de Israel como Estado judío. Donde se llegó más lejos fue en Taba y, aún así, las distancias para llegar a un acuerdo seguían siendo insalvables, ya que mientras la Delegación palestina consideraba que, en aplicación de la Resolución 194 de Naciones Unidas, había que acordar un derecho genérico al retorno, la Delegación israelí proponía compensaciones económicas y un retorno escalonado en quince años con una cifra total de 40.000 refugiados en el primer quinquenio, que se distribuirían entre refugiados que se dirigirían a Israel, entre refugiados que se reincorporarían al territorio israelí cedido a la ANP en el acuerdo de intercambio compensatorio de territorios, y refugiados que se ubicarían en el futuro Estado palestino. Sí se estuvo de acuerdo, sin embargo, en que la población palestina refugiada en el Líbano, país que nunca ha concedido la nacionalidad ni derechos de ciudadanía a los refugiados palestinos, recibiría atención preferencial.

Refugiados palestinos a 31 de diciembre de 2001

País	Total campos	Total refugiados	Refugiados en campos	% total
Jordania	10	1.662.227	291.244	17,5
Líbano	12	384.918	215.653	56,0
Siria	10	396.248	110.597	27,9
Palestina	27	1.483.394	629.613	42,4
Cisjordania	(19)	(618.152)	(166.066)	(26,9)
Gaza	(8)	(865.242)	(463.547)	(53,6)
TOTAL	59	3.926.787	1.247.107	31,8

Fuente: UNRWA, abril de 2002 (Sólo para información, documento no oficial).

A las anteriores cuestiones se añaden otros temas de gran trascendencia y de difícil resolución. El más relevante es, sin duda, el del agua. Desde 1967, el agua de los territorios ocupados está bajo control militar de Israel y los residentes árabes tienen prohibido horadar nuevos pozos, mientras las colonias judías lo hacen sin restricciones. Además, toda la margen occidental del río Jordán está en manos de Israel. Según el Banco Mundial, el 90 por 100 del agua de Cisjordania se utiliza en beneficio de Israel. Por último, las diferencias económicas y de nivel de vida entre las dos comunidades también contribuyen a acentuar las tensiones y constituyen un hándicap objetivo para el proceso de paz, en la medida que la economía israelí utiliza mano de obra palestina a unos precios de mercado que son consecuencia directa de la ocupación, que además impide el desarrollo de la economía palestina.

El 6 de febrero de 2001, con una de las participaciones más bajas (el 62,3 por 100) de toda la historia electoral de Israel, en las que las tasas de participación rondan a menudo el 80 por 100, Ariel Sharon obtenía 1.698.077 votos (el 62,4 por 100 de los votos válidos emitidos) frente a los 1.023.944 votos (el 37,6 por 100) conseguidos por Ehud Barak. El fracaso de Ehud Barak no admitía paliativos: había sido derrotado por la abstención de un electorado de centro y de izquierda, que suponía más de la mitad del censo electoral, defraudado por la promesa incumplida de elaborar una Constitución que rompiera el poder sobredimensionado de los partidos ultraortodoxos, cuyos miembros están exentos del servicio militar y del pago de impuestos, pero que, en cambio, imponen sus normas de conducta religiosa y moral en un país con un número decreciente de practicantes; y que deseaba, por encima de todo, llegar a un acuerdo de paz con los palestinos para poner fin a más de 50 años de conflicto. Barak, uno de los generales de más prestigio y un hombre sumamente inteligente, subestimó las posibilidades de Ariel Sharon, considerado un personaje de escaso recorrido político y lastrado por las responsabilidades en las masacres de Sabra y Chatila, y perdió las elecciones.

El día 7 de febrero Israel se miró en el espejo y vio la cara, terrible, de Ariel Sharon. Su victoria fue fruto de la abstención y se asentó en el voto del Likud, de los partidos ultraortodoxos, de la extrema derecha, de los judíos orientales (sefardíes), más desfavorecidos, y, sobre todo, de los centenares de miles de judíos llegados de Rusia en la década de los noventa y de los miles de colonos de los territorios ocupados, ya que Sharon ha sido siempre un firme partidario de los asentamientos en Gaza y Cisjordania y los ha impulsado desde los diversos ministerios que ha ocupado.

La falta de proyecto político del Partido Laborista, que se dividió entre los partidarios de participar en el Gobierno y los de mantenerse en la oposición parlamentaria, la poca agilidad política de Arafat para preveer las consecuencias de la victoria de Sharon, las acciones terroristas de Hamás y la Jihad Islámica y la política de dureza emprendida por el nuevo Gobierno de Unidad Nacional, del que formaban parte algunos miembros del Partido Laborista (Simon Peres en Asuntos Exteriores y Benjamin Ben-Eliezer en Defensa, entre otros) contribuyeron a impulsar una escalada de la violencia en Israel y en los Territorios Ocupados sin precedentes desde las guerras de 1948 y de 1967. A lo largo del año 2001, las acciones armadas contra el Tsahal, los atentados terroristas y la proliferación de los hombres y mujeres bomba, la respuesta desproporcionada del Tsahal, que contraveniendo las disposiciones internacionales utiliza métodos de guerra sucia o terrorismo de Estado como la eliminación sistemática de dirigentes de grupos radicales o terroristas palestinos mediante ataques con helicópteros o misiles guiados que causan un gran número de víctimas colaterales (27 de agosto, Abu Ali Mustafá, líder del Frente Popular de Liberación de Palestina, es alcanzado en Ramala por dos misiles israelíes; 23 de noviembre, el coche de Mahmud Abu Hunud, líder del brazo armado de Hamás, es destruido en Nablús por varios misiles lanzados desde un helicóptero del Tsahal), el cerco o el hostigamiento a las ciudades palestinas con helicópteros, aviones y carros de combate, las incursiones del Tsahal en zonas que, según los Acuerdos de Oslo, estaban bajo control total de la ANP (la primera tuvo lugar en Ramala el 31 de marzo), los enfrentamientos entre miembros de las fuerzas de seguridad palestinas y unidades del Tsahal, la reanudación de las acciones armadas de Hezbollá en el sur del Líbano contra las posiciones israelíes (14 de abril, ataque contra las granjas de Chebaa) y de las incursiones aéreas de Israel en el Líbano (16 de abril, ataque a la estación radar de Dahr-el-Baïdar, al este de Beirut) conducen, inexorablemente, a la pendiente de una guerra sin frentes y con un solo ejército regular.

La inseguridad, el miedo, la criminalización del «otro», el odio y la sed de venganza prenden entre israelíes y palestinos. Se rompen todos los puentes y vías de diálogo. Los «alto el fuego» apenas duran horas y el informe de la Comisión presidida por el ex senador George J. Mitchell (mayo de 2001), que recomienda poner fin a la violencia, restablecer las medidas de confianza y reemprender las negociaciones, nunca tendrá oportunidad de aplicarse porque nadie es capaz de parar la escalada de la violencia. La misma suerte correrá el plan elaborado por el director de la CIA, George Tenet, para restablecer la paz en la zona (junio de 2001). Todo es inútil, porque se impone, en suma, de nuevo el discurso de la guerra, que va a tener unos efectos devastadores a partir del 11 de septiembre. Además, la muerte en Kuwait (31 de mayo de 2001) de un ataque al corazón de Faisal al Husseini, hijo de Abd el Kader el Husseini, héroe de la primera guerra árabe israelí, deja a la ANP sin una de sus voces políticas más autorizadas y clarividentes.

Los principales puntos del «Plan Tenet»

1. Las fuerzas regulares palestinas confiscarán los morteros a los grupos paramilitares e intervendrán los talleres donde se fabrican, al igual que los laboratorios donde se producen cargas explosivas.
2. Israel y los palestinos desplegarán fuerzas de interposición en los puntos más conflictivos de Cisjordania y Gaza. Israel replegará sus tropas de las posiciones que conquistaron después del 28 de septiembre de 2000 (día en que estalló la Intifada).
3. Las patrullas conjuntas, integradas por agentes palestinos e israelíes, no entrarán en funcionamiento por ahora. Los oficiales de ambos bandos se comunicarán por circuitos especiales de televisión.
4. Israel se compromete a no emplear armas de efecto devastador. Esta cláusula se refiere a los obuses tipo *flaschet*, que al estallar dispersan una lluvia de flechas de acero.
5. Los palestinos no atentarán contra la integridad de civiles o personal militar israelí. En este punto, Arafat objetó que los palestinos no puedan actuar en defensa propia.
6. Israel pondrá en libertad a aquellos palestinos que participaron en la Intifada sin causar heridos, ya fuera lanzando piedras o botellas incendiarias.

> 7. Las tropas israelíes no abrirán fuego contra objetivos civiles o instalaciones de la ANP. Los palestinos no abrirán fuego contra los asentamientos, bases militares o vehículos que transiten por las carreteras de Cisjordania y Gaza.
> 8. Israel investigará a militares y civiles sospechosos de haber herido o matado a palestinos.
> 9. El Ejército israelí actuará para impedir que los colonos emprendan acciones contra los palestinos y su propiedad.
> 10. Ambos gobiernos se comprometen a poner fin a toda incitación a la violencia.
> 11. Dentro de una semana, el alto mando de los palestinos y de los israelíes se reunirá o con el diplomático William Burns o con Tenet.
>
> Fuente: *EL MUNDO*, 14 de junio de 2001.

Los atentados del 11 de septiembre añadieron más leña al fuego en el conflicto palestino-israelí. Ariel Sharon emprendió una campaña militar a gran escala y de destrucción sistemática de los principales enclaves e infraestructuras de la ANP en Gaza y Cisjordania pagados con las inversiones europeas. Entre mayo de 2001 y principios de enero de 2002 –y especialmente entre octubre y diciembre– el Tsahal volatilizó 13.851.000 euros de impuestos de los ciudadanos europeos, que habían sido destinados a financiar aeropuertos, puertos, escuelas, plantas de reciclaje, proyectos agrícolas, etécetra en Gaza y Cisjordania. Y, sin embargo, lo peor estaba todavía por llegar.

> **Evaluación provisional del coste de las infraestucturas financiadas por la UE o por países de la UE destruidas por el Tsahal en Gaza y Cisjordania entre mayo de 2001 y principios de enero de 2002.**
>
> | Infraestructura | Inversión europea (en euros) |
> |---|---|
> | Aeropuerto de Gaza | 9.300.000 |
> | Policia civil de Gaza | 2.050.000 |
> | Reforestación en Gaza | 718.000 |
> | Laboratorio médico-legal en Gaza | 700.000 |
> | Puerto de Gaza | 335.000 |
> | Oficina central de Estadísticas en Ramala | 300.000 |

Policía antidisturbios	300.000
Planta de reciclaje en Gaza	40.000
Cooperación pacífica	38.000
Planta de recepción de desechos en El-Bireh	24.000
Escuelas de Tulkarem y Yenín	13.000
Residencia en Khan Younis	11.000
Carretera de Halhoul	11.000
Irrigación de Jericó	11.000
TOTAL	13.851.000

Fuente: Unión Europea. Reproducido por *La Vanguardia*, 24 de enero de 2001.

En diciembre de 2001, Ariel Sharon rompe cualquier contacto con la ANP y confina a Arafat, a quien acusa de connivencia con los grupos terroristas palestinos, en Ramala. Ciertamente, 2001 fue un año sangriento para israelíes y palestinos y, a 31 de diciembre, el total de víctimas desde que dio comienzo la Intifada superaba las 1.120 personas, tres cuartas partes de la cuales eran palestinas y una cuarta parte israelíes. En las últimas décadas, nunca la sociedad israelí ha vivido tan insegura, y la política militar de Sharon y los atentados terroristas de los grupos radicales palestinos se alimentan mútuamente. En medio de esta espiral de violencia, de poco o nada sirvió la mediación europea y norteamericana, porque Ariel Sharon iba mucho más lejos y tenía su propia meta: expulsar a los palestinos de los Territorios Ocupados o someterlos a un nuevo régimen de ocupación que anulará los pocos logros obtenidos en los Acuerdos de Oslo. Y así, Ariel Sharon se dedicó a desmontar pieza a pieza el complicado puzzle conseguido tras 10 años de negociaciones palestino-israelíes.

Con el pretexto del terrorismo, que es hijo de la frustración y del fanatismo de los grupos radicales confesionales palestinos, Sharon declaró la guerra al pueblo palestino y quiso llevar sus objetivos a las últimas consecuencias: la anulación política de Yasir Arafat, que no consiguió en 1982, y la sumisión del pueblo palestino condenado a renunciar a un verdadero Estado y a vivir perpetuamente en los bantustanes de un régimen de *apartheid*. El sueño de los militantes de los partidos más ultraortodoxos, que nunca han renunciado a construir el Gran Israel, y, presumiblemente, de Sharon sería una Cisjordania sin palestinos, porque el viejo líder del Likud ambiciona la tierra, pero le sobran sus habitantes que, sin embargo, son imprescindibles, como mano de obra barata, para la economía de Israel.

Número de víctimas israelíes en los principales atentados suicidas o acciones armadas de los grupos radicales palestinos. Año 2001[*]

Días	Víctimas israelíes	Día	Víctimas israelíes
14 de febrero	9	25 de agosto	3
1 de marzo	1	9 de septiembre	3
4 de marzo	4	4 de octubre	3
28 de marzo	3	17 de octubre[**]	1
22 de abril	2	28 de octubre	4
15 de mayo	1	4 de noviembre	3
18 de mayo	5	29 de noviembre	3
1 de junio	22	1 de diciembre	10
16 de junio	2	2 de diciembre	26
9 de agosto	17	12-15 de diciembre	13

Fuentes: http://www.monde-diplomatique.fr/cahier/proche-orient/derniereguerre, *AVUI, EL MUNDO, EL PAÍS, LA VANGUARDIA*.

En febrero de 2002, se produjo un recrudecimiento del conflicto y el Tsahal, en la mayor ofensiva desde el comienzo de la Intifada de Al Aqsa, atacó por tierra, mar y aire edificios y enclaves de la ANP. Nuevos intentos de negociaciones palestino-israelíes terminaron sin acuerdos. Los atentados de los militantes suicidas de los grupos radicales palestinos siembran el terror en Israel y las acciones del Tsahal siembran el terror en los territorios ocupados. La espiral de violencia alcanza cotas inimagina-

---

[*] En algunos casos en un mismo día coinciden dos o más acciones armadas o atentados.
[**] Se trata del asesinato del ministro de Turismo de Israel, Rehavam Zeevi, en el hotel Hyatt de Jerusalén, por miembros del Frente Popular de Liberación de Palestina, que declaró vengar así el asesinato de su líder Abu Alí Mustafá, abatido por dos misiles del Tsahal el 27 de agosto en Ramala.

bles dejando un balance de víctimas sin precedentes. En la primera semana de marzo hay 108 víctimas (31 israelíes y 77 palestinos). El día 8 de marzo un nuevo atentado y la consiguiente reacción del Tsahal causan 46 muertos (40 palestinos y seis israelíes). Es la semana más violenta desde el comienzo de la Intifada que se había cobrado ya 1.324 víctimas (1.005 palestinos y 319 israelíes). Finalmente, el 10 de marzo, el Tsahal lanza un ataque a gran escala contra la ANP. Ariel Sharon optaba por la solución militar y por el aislamiento de Yasir Arafat. El conflicto entra en una fase de descontrol que puede amenzar la estabilidad de la región.

La Comunidad Internacional respondió el 13 de marzo con la aprobación de la Resolución 1397 de Naciones Unidas, que ante la escalada del conflicto exige «el cese inmediato de todos los actos de violencia, comprendidos todos los actos de terror y todas las provocaciones, incitaciones y destrucciones», recuerda a las partes «la necesidad de respetar las normas universalmente reconocidas del derecho internacional humanitario», las conmina «a poner fin a la violencia y a retomar el proceso de paz» y a cooperar «en la puesta en marcha del Plan Tenet y de las recomendaciones del informe Mitchell». Políticamente, la resolución tiene una gran trascendencia porque por primera vez se cita expresamente la instauración de un Estado palestino («una región en la que dos Estados, Israel y Palestina, vivan uno al lado del otro, en el interior de fronteras reconocidas y seguras»), retomando así la filosofía del Plan de Partición de Naciones Unidas (Resolución 181) de 1947, que abogaba por la creación en Palestina de dos «Estados independientes árabe y judío».

Casi al mismo tiempo, se daba a conocer la iniciativa de paz del príncipe heredero saudí, que goza del beneplácito de Estados Unidos y de la ONU y que, el 28 de marzo, fue aprobada por la cumbre de la Liga Árabe reunida en Beirut. A dicha cumbre no pudo asistir Arafat sitiado en Ramala por el Ejército de Israel. En síntesis, el plan saudí proponía la retirada completa de los territorios árabes ocupados por Israel desde 1967 en cumplimiento de las Resoluciones 242, 338 y 1397 de la ONU, pedía la solución del tema de los refugiados de acuerdo con la Resolución 194 de Naciones Unidas y solicitaba a Israel que aceptara la creación de un Estado palestino independiente en Cisjordania y Gaza con capital en Jerusalén a cambio del reconocimiento del Estado de

Israel por los países árabes y del establecimiento de relaciones diplomáticas normales en el contexto de una paz justa y global en la región.

Todo fue inútil. El día 28 de marzo, un nuevo atentado palestino provoca 20 muertos en un hotel de Netania y el día 31 otro atentado 15 muertos más en un restaurante de Haifa. La violencia de los grupos terroristas palestinos no cesaba y Ariel Sharon lleva hasta sus últimas consecuencias la solución militar. El 29 de marzo, el ejército de Israel ocupa Ramala, aísla (cortando la luz, el agua y el contacto con el exterior) a Yasir Arafat en las dependencias del complejo presidencial de Al Mokata y, en los días siguientes, ocupa las principales ciudades palestinas. Había empezado la operación Muro Defensivo.

El bombardeo de casas y barrios enteros, las ejecuciones sobre el terreno de un tiro en la cabeza de miembros de las fuerzas de policía palestina, los asesinatos indiscriminados en Ramala, las detenciones masivas de varones de entre 15 y 55 años, las torturas inflingidas a jóvenes y menores palestinos en los centros de interrogatorio (Informe John Dugard, relator especial de la ONU para los territorios ocupados), etcétera, provocan una lluvia de críticas en la opinión pública internacional, que acusó al ejército de Sharon de crímenes de guerra y de terrorismo de Estado. El Tsahal, que antaño fue definido como un ejército popular al servicio de la libertad y la democracia en Israel, perdía sus últimas migajas de dignidad en la guerra sucia (asesinatos indiscriminados, negación de asistencia médica a los heridos, destrucción de viviendas, utilización de escudos humanos, etc.) que libra en las ciudades palestinas de Cisjordania.

El 10 de abril de 2002, Estados Unidos, la UE, Rusia y la ONU firman la denominada Declaración de Madrid, que instaba al primer ministro Ariel Sharon a poner fin a la reocupación de Gaza y Cisjordania y a Yasir Arafat a combatir el terrorismo. Sin embargo, la mediación internacional y del mismo secretario de Estado norteamericano Colin Powell no consiguieron parar la reocupación de las ciudades palestinas de Cisjordania. El punto culminante se alcanzó en Yenín, denominada la ciudad de los mártires porque casi la mitad de los terroristas suicidas procedían de allí, donde el Tsahal dispuso de todos los medios a su alcance desde el 3 de abril para vencer la resistencia de los combatintes palestinos. Tras ocho días de intensos combates, en los que el Tsahal utilizó carros de combate, helicópteros, aviones y *buldozers* para derribar las casas, el centro del campamento de refugiados quedó totalmente destruido y, ante la negativa del Ejército israelí de dejar entrar a la Cruz y a la Media Luna Rojas, a las organizaciones humanitarias y a la prensa, mucha gente llegó a la convicción moral de que en Yenín se había producido una verdadera masacre. Tardará en saberse de cierto qué sucedió en Yenín y cuál es el verdadero número de víctimas –se acusó al Tsahal de enterrar a los muertos en fosas comunes o de llevárselos para enterrarlos en otros lugares– porque la misión creada para esclarecer los hechos, en virtud de la Resolución 1405 de Naciones Unidas del 20 de abril, ha tenido que disolverse antes de empezar sus actuaciones ante la negativa de Sharon de permitirle el acceso a Yenín. Otra resolución del Consejo de Seguridad que Israel incumplía.

La Resolución 1405 de 20 de abril de 2002

El Consejo de Seguridad, preocupado por la terrible situación humanitaria de la población palestina, en particular en Yenín, llama al levantamiento de las restricciones impuestas a las organizaciones humanitarias y subraya la necesidas de que las partes garanticen la seguridad de los civiles y cumplan el derecho humanitario internacional:

• Subraya la urgencia del acesso de organizaciones médicas y humanitarias a la población palestina.

• Acoge favorablemente la iniciativa del Secretario General de desarrollar una información precisa sobre los últimos acontecimientos en el campamento de refugiados de Yenín mediante una misión encargada de establecer los hechos.

Fuente: *AVUI*, 21 de abril de 2002.

A finales de abril, Sharon dio orden al Ejército israelí de retirarse de algunas ciudades palestinas. Las críticas recibidas por lo sucedido en Yenín habían sido muy duras, aunque la Comunidad Internacional se mostró incapaz de imponer a Ariel Sharon sus condiciones y obligarlo a retirarse de Cisjordania antes de que el Ejército de Israel arrasara el campamento de refugiados de Yenín, el centro histórico de Nablús y de otras ciudades palestinas. Paralelamente, la ANP juzgaba a los responsables del asesinato del ministro de Turismo de Israel, que eran entregados para su custodia, mientras cumplieran condena, a expertos militares estadounidenses y británicos. El 1 de mayo se levanta el cerco a Arafat y los carros de combate israelíes se retiran de Ramala. El sitio había durado 34 días y el cerco casi seis meses. En los días siguientes se llegó también a un acuerdo que, el 10 de mayo, puso fin al asedio a la Basílica de la Natividad de Belén donde se habían refugiados algunos combatientes palestinos. Era el fin de la operación Muro Defensivo.

Algunas reflexiones a modo de conclusión

«Una tierra sin pueblo para un pueblo sin tierra», el sueño imposible de los primeros sionistas que ha contribuido a mitificar una historia que, en esencia, se reduce a los diferentes episodios de la resistencia de la población árabe de Palestina a ceder su tierra a unos colonos inmigrados que, además, pretendían y consiguieron crear un Estado judío que comprendía el 78 por 100 del antiguo Mandato británico de Palestina. Ciertamente, no hay duda de que el Holocausto es el mayor crimen étnico de la historia reciente y que en Europa, por lo menos desde 1492, venía practicándose una limpieza étnica principalmente contra los judíos y otras minorías. Los últimos episodios de esta larga historia de exclusiones se han vivido recientemente en Bosnia y Kosovo. En cierta medida, el Holocausto legitimó la vieja aspiración del sionismo –la expresión del nacionalismo judío– de constituir un Estado judío que diera protección a los judios de todo el mundo que lo desearan. Y no hay duda de que la situación en que se encontraban los judíos en Europa después de la II Guerra Mundial y la propia dinámica interna del Mandato británico de Palestina favorecieron la creación de Israel y su rápida aceptación por la Comunidad Internacional.

La creción del Estado de Israel es un hecho irreversible. El derecho a la existencia y la seguridad del Estado de Israel en las fronteras resultantes de la primera guerra árabe-isralí es incuestionable. Como igualmente incuestionable es el derecho de la población palestina a vivir en un Estado independiente, integrado por Gaza, Cisjordania y Jerusalén Este, como reiteradamente han propuesto

PLAN DE PARTICIÓN DE NACIONES UNIDAS (Resolución 181), 1947

PALESTINA TRAS LA PRIMERA GUERRA ÁRABE-ISRAELÍ

CONSECUENCIAS DE LA GUERRA DE 1967

LA AMPLIACIÓN DE LOS ACUERDOS EN OSLO I Y OSLO II

Límites del municipio de Jerusalén. (Jerusalén-Este, que fue anexionado por Israel en 1967 —en blanco en el mapa— no se incluyó en los Acuerdos Provisionales de 1993)

Localidades palestinas
Ciudades palestinas más importantes
Otros centros urbanos y barrios palestinos importantes

Asentamientos israelíes
Poco pobladas
Importantes
Ampliaciones previstas

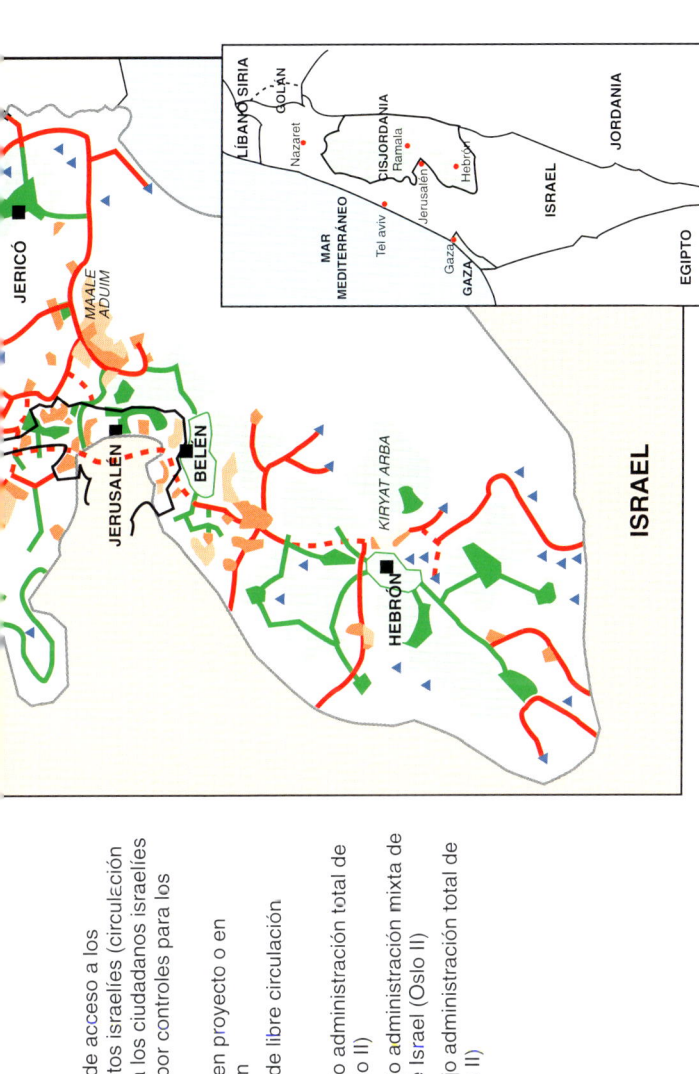

- Carreteras de acceso a los asentamientos israelíes (circulación reservada a los ciudadanos israelíes y regulada por controles para los palestinos)
- Carreteras en proyecto o en construcción
- Carreteras de libre circulación
- Oslo I
- Zona A: bajo administración total de la ANP (Oslo II)
- Zona B: bajo administración mixta de la ANP y de Israel (Oslo II)
- Zona C: bajo administración total de Israel (Oslo II)

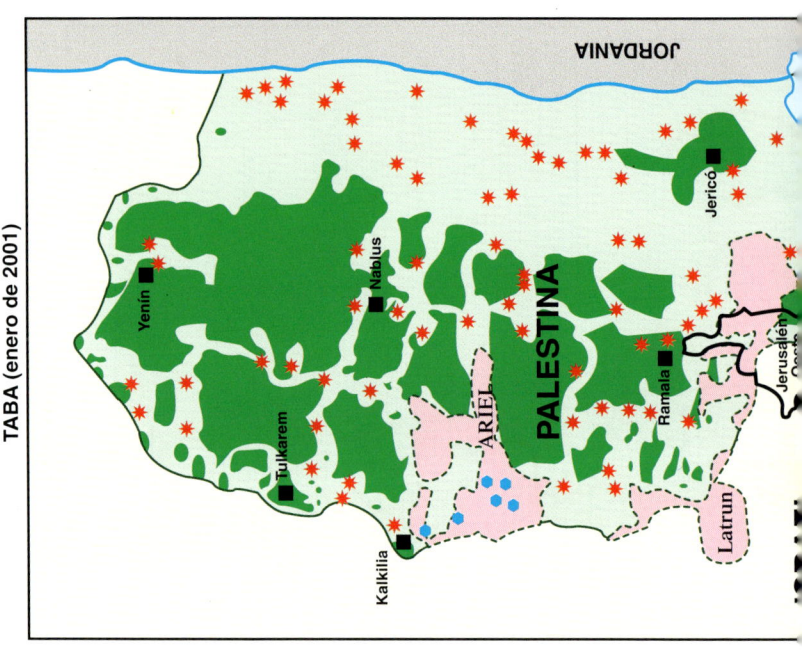

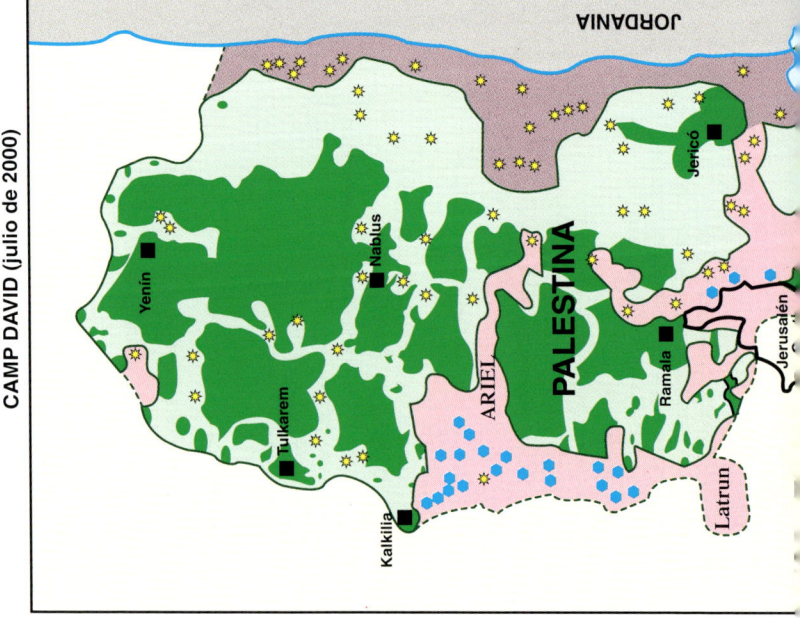

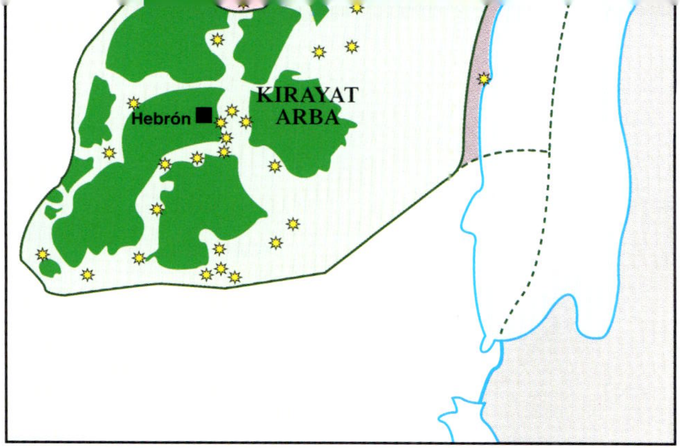

Zonas A y B bajo administraciónde la Autoridad Nacional Palestina (Oslo I y II)

Ampliación de territorio previsto para el futuro Estado Palestino

Territorios anexionados por Israel

Zona prevista de seguridad militar en Israel

Localidades palestinas anexionadas por Israel

Colonias israelíes

Perímetro de Jerusalén después de 1967

Delimitación de la frontera antes de la guerra de 1967

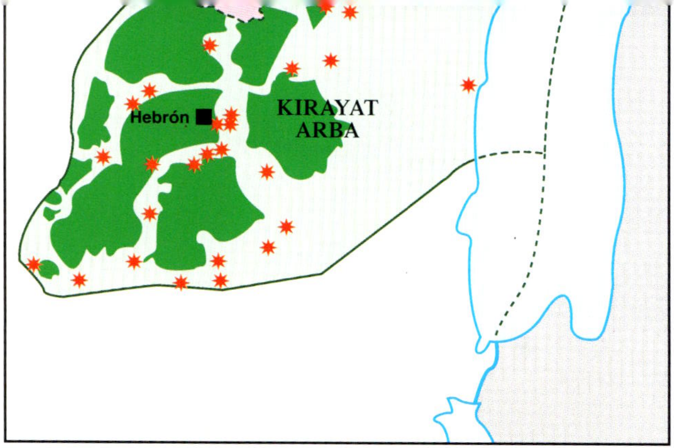

Zonas A y B bajo administraciónde la Autoridad Nacional Palestina (Oslo I y II)

Ampliación de territorio previsto para el futuro Estado Palestino

Territorios anexionados por Israel

Localidades palestinas anexionadas por Israel

Colonias israelíes que deberán desmantelarse

Perímetro de Jerusalén después de 1967

Delimitación de la frontera antes de la guerra de 1967

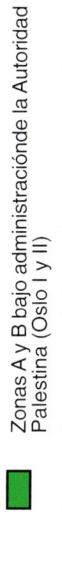

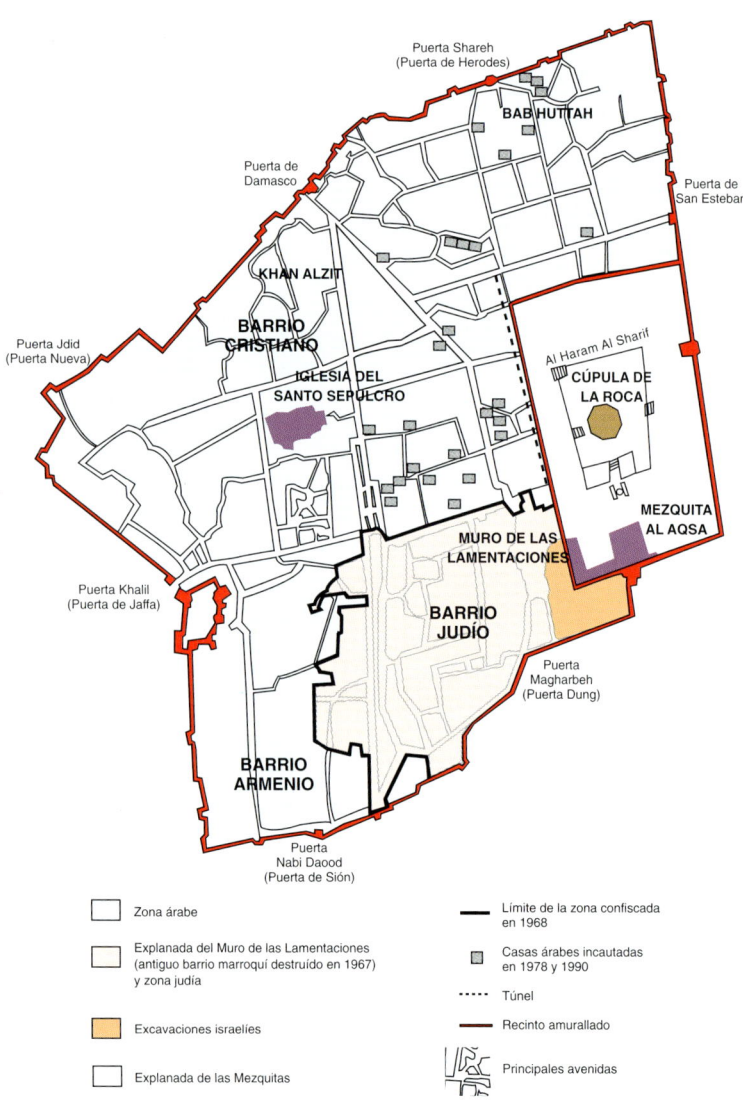

diversas resoluciones de Naciones Unidas que exigen a Israel la retirada de los territorios ilegalmente ocupados en 1967. La negativa a llevar a cabo esta retirada y el incremento progresivo del número de colonos en estos territorios –significativamente, mientras se desarrollaba el proceso de paz en la década de los noventa, el número de colonos que vivían en los territorios ocupados pasó de unos 140.000 a más de 400.000– conculcan las resoluciones de Naciones Unidas y desdicen la voluntad negociadora de Israel.

La ocupación es, sin duda, el fuego que alimenta el conflicto y que da alas y argumentos al terrorismo de los grupos radicales palestinos. La situación recuerda la de los últimos años del Mandato británico, cuando eran los grupos radicales de la extrema derecha judía los que realizaban acciones terroristas contra lo que denominaban la ocupación británica. Como ha recordado el escritor israelí Amos Oz, la guerra para mantener la ocupación es una guerra injusta, que Israel no puede ganar nunca, porque la guerra de liberación nacional palestina, tal como la ha definido Shlomo Ben Ami, no tiene solución militar sino política, aunque Ariel Sharon se empeñe en alargar el sufrimiento del pueblo palestino (y al mismo tiempo del pueblo de Israel, en la medida que la ocupación da argumentos y fuerza moral al terrorismo). La ocupación, la represión y la escalada militar es el vivero de una nueva generación de potenciales terroristas suicidas, hijos de la desesperanza y la frustración. Pero, además, la guerra de Sharon es una guerra inútil, porque no garantiza la seguridad israelí (sólo en el mes de marzo de 2002 murieron 125 israelíes víctimas de atentados, situación que no se había dado nunca), ni palestina (la operación Muro Defensivo ha ocasionado centenares de víctimas en los meses de marzo y abril, aunque sigue siendo imposible evaluar masacres como las de Yenín). Es una guerra inútil porque alimenta el odio y el fuego de un conflicto entre dos pueblos condenados a vivir uno al lado del otro en un territorio menos extenso que Cataluña. Sin embargo, en la última crisis, el sueño belicista de Sharon ha cabalgado sobre una desconcertada opinión pública israelí, desestabilizada por la ola de atentados de los primeros meses del año 2002, y sobre una sociedad palestina desequilibrada por el terrorismo de Estado y por la indefensión ante la violencia de la intervención miltar. Ariel Sharon justificó la escalada militar y la guerra sucia como respuesta a las acciones terroristas, avalado por la reacción que siguió a los atentados del 11 de septiembre de 2001. Aunque, como debería saber bien Yasir Arafat, nada puede justificar la barbarie del terrorismo, conviene tener presente que los atentados suicidas son hijos de la ocupación ilegal de Gaza y Cisjordania, y de la desesperación, la frustración y la falta de futuro de los palestinos. Al mismo tiempo, es oportuno señalar que los atentados suicidas y la política belicista de Sharon se alimentan mútuamente. Al menos esto es lo que se desprende de los datos disponibles.

Atentados suicidas cometidos por hombres o mujeres bomba									
1993	1994	1995	1996	1997	1998	1999	2000	2001	2002
13	7	8	4	4	2	0	4	36	31

Fuente: *EL PAÍS*, 11 de abril de 2002.

Desde que tuvo lugar el primero, en 1993, ha habido un total de 109 atentados suicidas protagonizados por hombres o mujeres bomba hasta el 6 de mayo (inclusive) de 2002. Entre 1993 y 1995 tuvieron lugar 28 atentados suicidas; entre 1996 y 1998, 10; en 1999, cuando se pospuso por primera vez la declaración del Estado palestino a la espera de una victoria laborista, ninguno; en el 2000, cuando fracasaron las negociaciones de Camp David y se pospuso por segunda vez la declaración del Estado palestino, 4; durante el mandato de Ariel Sharon (entre febrero de 2001 y 6 de mayo de 2002), 67, es decir, el 61,5 por 100 del total. Ni la operación Muro Defensivo, ni la reocupación de las ciudades cisjordanas, ni la masacre de Yenín han puesto freno a las acciones terroristas. Nunca la sociedad israelí ha vivido tan insegura como bajo el mandato de Sharon. Es obvio, que no se puede caer en el chantaje de la violencia ni premiar las acciones terroristas, pero, al mismo tiempo, hay que insistir en que el conflicto de Palestina no tiene una solución militar y que los crímenes contra la humanidad que presumiblemente se han cometido en Yenín y otras localidades de Cisjordania recuerdan demasiado a Sabra y Chatila, deslegitiman la política de Sharon y son el caldo de cultivo que alimenta a las organizaciones radicales palestinas y a sus militantes, dispuestos a immolarse en nuevos atentados.

En definitiva, no se puede utilizar la violencia institucional para mantener una ocupación ilegal. Y es un mal presagio que el Gobierno de Unión Nacional de Ariel Sharon se amplíe con personajes como Effi Eitam, líder del Partido Nacional Religioso (PNR), general de brigada en la reserva y exjefe de las Fuerzas israelíes en el Líbano (1998-1999), el cual defiende un espacio vital de Israel, que va desde el mar al Jordán, y o bien la expulsión de los palestinos a Jordania o bien que permanezcan en Israel sin derechos de soberanía, ni de ciudadanía. Son éstos los planteamientos que dan sentido a la política de Sharon y al viejo sueño sionista de «una tierra sin pueblo para un pueblo sin tierra». Se puede llegar a sospechar que Eitam dice aquello que Sharon, por imperativo institucional, calla.

CRONOLOGÍA DEL CONFLICTO

Las primeras *aliyas*, el Congreso de Basilea y la I Guerra Mundial

1869: Charles Netter, uno de los fundadores de la Alianza Israelita Universal, instala una Escuela de Agricultura en Yazour sobre 250 hectáreas datada de tierra compradas al Imperio Otomano. Es la primera adquisición contemporánea (datada) de tierras que hace un judío en Palestina.

1882: Constitución de diversas sociedades denominadas Amigos de Sión que persiguen el retorno de los judíos a Israel (Sión). Se instala la primera colonia agrícola cerca de Jaffa.

1882-1891: Con la primera *aliya* llegan unos 25.000 colonos judíos a Palestina, procedentes en su mayoría de Europa Oriental.

1896: Theodor Herlz (1860-1904), publica *El Estado de los Judíos*.

1897: Convocado por Theodor Herlz se celebra el I Congreso Sionista en Basilea, que resuelve crear un hogar en Palestina para el pueblo judío y desarrollar el sentimiento y la conciencia nacional judíos.

1904-1914: Con la segunda *aliya* llegan unos 40.000 colonos judíos a Palestina, procedentes en su mayoría de Europa Oriental.

1908: Se abre en Jaffa una oficina judía para facilitar la adquisición de tierras.

1909: Fundación de Tel Aviv y del primer kibbutz.

1914-1918: I Guerra Mundial.

1915: Sir Mac mahon y Lawrence de Arabia prometen a Hussein, emir hachemí de La Meca, la independencia y la creación de un Estado árabe si los árabes se rebelan contra el Imperio Otomano.
1916: Inicio de la revuelta árabe.
    Mayo. Acuerdo secreto de Sykes-Picot para repartirse las provincias árabes otomanas: Irak, Jordania y Palestina para el Reino Unido y Siria y Líbano para Francia.
1917: Marzo. Los británicos ayudados por los árabes toman Bagdad.
    Mayo. Declaración Balfour por la que Londres se compromete a contemplar favorablemente el establecimiento de una patria nacional para el pueblo judío en Palestina.
    Diciembre. Las tropas británicas toman Jerusalén.
1918: Octubre. Los británicos ayudados por los árabes toman Damasco.
1919-1923: Con la tercera *aliya* llegan unos 35.000 colonos judíos a Palestina.
1919: Ben Gurion, Berl Katznelson y Isaac Tabenkin fundan el Partido Laborista, más conocido por la denominación de Mapai.
1921: Hadj Amin el Husseini, miembro de una de las principales familias árabes de Palestina, es elegido Gran Muftí de Jerusalén.
    Mayo. Enfrentamientos entre árabes y judíos en Jaffa que acaban extendiéndose a toda Palestina con el resultado de 95 muertos.
    Ben Gurion funda el *Histadrouth* (Federación General del Trabajo).
1922: Hadj Amin el Husseini es nombrado presidente del Consejo Supremo Musulmán.

El Mandato y las responsabilidades británicas

1922: Julio. Londres recibe de la Sociedad de Naciones un Mandato sobre Palestina. El mandato se refiere a la Declaración Balfour pero excluye la Transjordania, que accede a la independencia en 1923.
1923: Zeev Jabotinski crea el Betar, una organización militar de connotaciones fascistas.
    Abdallah proclama la independencia del emirato de Transjordania.
1924-1928: Con la cuarta *aliya* llegan unos 70.000 colonos judíos a Palestina. La mitad proceden de Polonia.
1929-1939: Con la quinta *aliya* llegan unos 250.000 colonos judíos a Palestina, huyendo, en su mayoría de la Alemania nazi.
1929: Agosto. Una provocación del Betar en el Muro de las Lamentaciones da lugar a un progrom contra los judíos en Jerusalén y a una violenta revuelta que se salda con casi 300 muertos.
1936: Abril. Creación del Alto Comité Árabe. Su dirección recae en Hadj Amin el Husseini que convoca una huelga general.

1937: El Betar crea el Irgun una organización armada al mando de Menahem Begin.

1936-1939: La huelga general y las acciones violentas del Irgun propician la Gran Revuelta Árabe que se saldará con un balance de 7.000 víctimas.

1939-1945: II Guerra Mundial. La Alemania nazi aplicará la denominada «solución final» que supone el exterminio de entre cinco o seis millones de judíos europeos.

1940: Abraham Stern y otros militantes excindidos del Irgun (entre los que destaca Isaac Shamir) crean una organización mucho más violenta y radical, el Lehi (Combatientes por la Liberación de Israel).

1942: Enero. Abraham Stern muere en un enfrentamiento con la policía británica en Tel Aviv.

1945: La liberación de los campos de exterminio ponen al descubierto el Holocausto (la *Shoah* en hebreo).

1946: 22 de julio. El Irgun de Menahem Begin vuela la sede de las fuerzas británicas en Jerusalén, el hotel Rey David, ocasionando unos cien muertos.

1947: Julio. El *Exodus*, que transportaba clandestinamente a Palestina 4.500 refugiados de los campos de concentración alemanes, fue obligado por la Marina británica a regresar a Europa.

29 de noviembre. La Asamblea General de Naciones Unidas adopta la resolución 181 o Plan de Partición de Palestina por 33 votos a favor (los países europeos, los Estados Unidos y la URSS), 13 en contra (los países musulmanes y la India) y 10 abstenciones (Gran Bretaña y China entre otros).

El Estado de Israel y la implosión del Próximo Oriente

1948: Abril. Muerte de Abd el Kader el Husseini en el combate por la localidad de Kastel, que controla el acceso occidental de Jerusalén. Masacre de Deir Yassin (sudoeste de Jerusalén): unos 110 muertos. Masacre del monte Scopus: son asesinados 77 médicos y enfermeras judíos del hospital Hadassah de Jerusalén. Ocupación de Haifa por las fuerzas judías.

14 de mayo. Ben Gurion proclama unilateralmente el Estado de Israel, que es rápidamente reconocido por Washington y Moscú. Estalla la primera guerra árabe-israelí.

Mayo. Creación del Ejército de Israel (Tsahal) a partir de las milicias de la *Hagana*. Las tropas árabes entran en Palestina y el conflicto se internacionaliza: Egipto ocupa Gaza y Hebrón; la

Legión árabe jordana ocupa Jerusalén Este; Tel Aviv es sitiado; las tropas iraquíes atraviesan el Jordán.
Junio. El Tsahal rompe el sitio de Tel Aviv. Alto el fuego. El Tsahal recibe armamento moderno a gracias a un puente aéreo con Checoslovaquia. Folke Bernadotte, mediador de la ONU, propone un plan de paz que no prospera.
Julio. El Tsahal ocupa Nazaret y la Baja Galilea y deja libre el camino hacia Jerusalén. Las autoridades israelíes ordenan la expulsión en masa de los 60.000 habitantes de Lod y Ramle, al este de Tel Aviv. En el curso de la guerra serán destruidas o desalojadas entre 400 o 500 localidades y unos 800.000 refugiados marcharán hacia Gaza, Cisjordania y los países árabes vecinos.
Septiembre. Asesinato de Folke Bernadotte y disolución de las milicias del Irgun y del Lehi.
Octubre. El Tsahal ocupa toda Galilea e inicia la ofensiva del Neguev.
11 de diciembre. Resolución 194 de Naciones Unidas que pide que los refugiados puedan volver a sus hogares lo antes posible, o bien, en caso de no hacerlo, recibir una indemnización por los bienes perdidos.
16 de diciembre. Abdallah se anexiona Cisjordania y proclama el reino de Jordania.

1949: 7 de enero. La mediación de la ONU pone fin a la primera guerra árabe-israelí. Israel controlaba el 78 por 100 del antiguo territorio de Palestina (el Plan de Partición de la ONU sólo le otorgaba el 55 por 100); Amman se anexionaba Cisjordania, y Egipto obtenía la administración de la Franja de Gaza.
25 de enero. Primeras elecciones legislativas en Israel y victoria del *Mapai*. En marzo, el laborista David Ben Gurion se convertirá en primer ministro de Israel.
Febrero-Julio. Acuerdos de Rodas. Firma de los armisticios sucesivamente entre Israel y Egipto (febrero), Líbano (marzo), Jordania (abril) y Siria (julio).
10 de mayo. Israel ingresa en la ONU.
8 de diciembre. Se crea la Oficina de Socorro de Naciones Unidas para los Refugiados Palestinos (UNRWA).

1950: 24 de abril. Con la anexión de Cisjordania, Transjordania toma oficialmente el nombre de reino de Jordania.
5 de julio. El Parlamento israelí proclama la Ley del Retorno.

1951: 20 de julio. Un partidario de Hadj Amin el Husseini asesina a Abdallah de Jordania cuando entraba en la mezquita de Al Aqsa de Jerusalén.

1952: Julio. Golpe de Estado de los Oficiales Libres en Egipto.

1954: Noviembre. Nasser ocupa la presidencia de Egipto.

1955: Febrero. Irak y Turquía firman el Pacto de Bagdad (una alianza militar) al que más tarde se añadirán Gran Bretaña, Irán y Pakistán. Como respuesta, en marzo, Egipto y Siria firman un acuerdo militar.
1956: Julio. Egipto anuncia la nacionalización del canal de Suez. 29 de octubre. El Ejército de Israel invade el Sinaí y, una semana después, tropas británicas y francesas ocupan Pord Said. Tropas iraquíes y sirias atacan Israel desde Jordania. Es la segunda guerra árabe-israelí.
6 de noviembre. La mediación de las grandes potencias y de la ONU pone fin a la guerra.
Se da a conocer en Gaza un primer embrión de Al-Fatah, una organización palestina liderada por Yasir Arafat, que propugna la liberación de Palestina sin supeditarse a los intereses de los países árabes vecinos.
1957: 7 de marzo. Se vuelve a las fronteras del armisticio de 1949 que serán controladas por Cascos Azules. Egipto recupera el control del canal de Suez.
1958: 1 de febrero. Egipto y Siria forman la República Árabe Unida (RAU). Siria abandonará la RAU en septiembre de 1961.
1959: Octubre. Al Fatah celebra su primer congreso en Kuwait.
1964: Enero. La cumbre de la Liga Árabe de El Cairo decide crear una entidad palestina.
29 de mayo. El primer Congreso Nacional Palestino (CNP) crea en Jerusalén Este la Organización para la Liberación de Palestina (OLP), que rechaza el Plan de Partición de 1947 y la creación del Estado de Israel. Asume la presidencia Ahmed Choueri. Al Fatah rechaza integrarse en la OLP porque la considera una creación de los países árabes vecinos.
1965: 1 de enero. Primera acción militar de Al Fatah contra Israel.
1967: 5-11 de junio. Tercera guerra árabe-israelí. Israel ocupa Gaza, el Sinaí, los Altos del Golán, Jerusalén Este y Cisjordania. El gobierno de Eshkol declara que Jerusalén es la capital del Estado de Israel (desde el 1 de enero de 1950, el Parlamento y el gobierno se habían trasladado a Jerusalén occidental que, oficialmente, se había convertido desde entonces en la capital del Estado).
21 de noviembre. La ONU adopta la Resolución 242 que condenaba la ocupación de Gaza y Cisjordania.
Noviembre. Georges Habache crea el Frente Popular para la Liberación de Palestina (FPLP).
1968: Marzo. La popularidad de Arafat aumenta al resistir, aunque con enormes pérdidas, un ataque del Tsahal a la base palestina de Karameh en Jordania.

Junio. *Al Fatah* entra en el CNP y Arafat asume la presidencia.
1969: 1-4 de febrero. El quinto CNP nombra a Arafat presidente de la OLP.
Febrero. Nayef Hawatmeh crea el Frente Democrático para la Liberación de Palestina (FDLP).
1970: Junio-julio. Israel, Jordania y Egipto apoyan el Plan Rogers basado en la aplicación de la Resolución 242. La OLP, Irak y Siria rechazan la propuesta norteamericana.
Septiembre. La creciente tensión entre la OLP y el rey Hussein desemboca en el Septiembre Negro que supone la expulsión de la OLP de Jordania.
28 de septiembre. Muerte de Nasser.
1972: 5 de septiembre. Un comando de una organización denominada «Septiembre Negro» asesina a 11 atletas israelíes en los Juegos Olímpicos de Múnich.
1973: 6-24 de octubre, cuarta guerra árabe-israelí o del Yom Kippur o del Ramadán. Los países árabes utilizan el petróleo como arma política. El 22 de octubre, la ONU adopta la Resolución 338.
1974: 13 de noviembre. Yasir Arafat habla ante la Asamblea General de Naciones Unidas. La OLP obtiene el estatuto de observador.
1975: Enero-mayo. El presidente Sadat se muestra dispuesto a reconocer y a firmar la paz con Israel.
Abril. Empieza la guerra civil del Líbano.
5 de junio. El canal de Suez se reabre al tráfico marítimo.
1976: Abril. El Frente Nacional (nacionalistas de izquierda, comunistas y simpatizantes de la OLP) obtiene el 75 por 100 de los votos y 14 de las 23 alcaldías más importantes en las elecciones municipales en Cisjordania.
1977: 17 de mayo. Victoria del Likud en las elecciones legislativas y Menahem Begin es el nuevo primer ministro.
19-21 de noviembre. Sadat viaja a Jerusalén y hace una encendida defensa de la paz ante el Parlamento israelí. Se ha impuesto el principio de paz a cambio de territorios.
2-5 de diciembre. Libia, Argelia, Yemen del Sur, Siria e Irak crean el Frente de Rechazo que condena cualquier negociación con Israel. Egipto rompe relaciones con estos países.
1978: Marzo. Israel ocupa el sur del Líbano en la denominada operación Litani.
17 de Septiembre. Egipto e Israel firman los Acuerdos de Camp David. Egipto es expulsado de la Liga Árabe y no será readmitido hasta 1987.
1979: 26 de marzo. Egipto e Israel firman el tratado de paz.
1981: 6 de octubre. Asesinato de Sadat.

1982: 25 de abril. Israel culmina la retirada del Sinaí.

6 de junio. Israel da comienzo a la operación Paz en Galilea que desemboca en la ocupación del Líbano y el cerco a Arafat y la dirección de la OLP en Beirut, que, entre finales de agosto y principios de septiembre, abandonan la ciudad.

14 de septiembre. Un atentado destroza la sede de las Falanges libanesas donde pierde la vida el nuevo presidente y aliado de Israel Bechir Gemayel.

16-17 de septiembre. Masacres de Sabra y Chatila.

25 de septiembre. Centenares de miles de personas acuden a una manifestación en Tel Aviv del movimiento Paz Ahora para pedir la retirada del Líbano y la dimisión del Gobierno.

1983: Febrero. El ministro de Defensa Ariel Sharon dimite por sus responsabilidades en las masacres de Sabra y Chatila.

10 de octubre. Dimisión de Menahem Begin.

1985: Junio. Las tropas israelíes se retiran del Líbano (excepto de una franja en el sur).

1 de octubre. La aviación israelí bombardea la sede de la OLP en Túnez.

El camino de una paz imposible

1986: Febrero-abril. Primeras negociaciones secretas entre Israel y la OLP que muestra su disposición a renunciar al terrorismo y a aceptar la Resolución 242 del Consejo de Seguridad de la ONU, que supone el reconocimiento del Estado de Israel.

4 de septiembre. Yasir Arafat se muestra dispuesto a aceptar la Resolución 242.

1987: Octubre-diciembre. Una serie de incidentes en Gaza, que culminan en la muerte de cuatro palestinos que viajaban en un taxi arrollado por una camioneta conducida por un israelí, dan origen a la primera Intifada (*levantamiento* en árabe), que se extiende rápidamente al resto de los Territorios Ocupados.

1988: 31 de julio. Hussein de Jordania renuncia a cualquier derecho sobre Cisjordania.

12-15 de noviembre. En el curso de la decimonovena sesión del CNP celebrada en Argel, la OLP declara el Estado palestino, condena el terrorismo y acepta las Resoluciones 181, 242 y 338 de Naciones Unidas.

1989: 22 de octubre. El acuerdo de Taif (Arabia Saudí) pone fin a la guerra civil del Líbano.

1990: 2 de agosto. Las tropas de Irak invaden Kuwait.

8 de octubre. Matanza de las mezquitas: el Tsahal da muerte a 21 palestinos e hiere a 150 en la explanada de las Mezquitas de Jerusalén.

1991: 17 de enero. Se inicia la segunda (la primera fue la Guerra Iran-Irak de 1980 a 1988) guerra del Golfo con la operación «Tormenta del Desierto».

24 de frebrero. Después de cinco semanas de intensos bombardeos, la coalición internacional liderada por Estados Unidos inicia el mayor ataque terrestre llevado a cabo desde la II Guerra Mundial. Tras la retirada de las tropas iraquíes de Kuwait, la guerra continúa en territorio iraquí.

3 de marzo. Tras el fin de las operaciones militares, Irak acepta la rendición total propuesta por Estados Unidos.

30 de octubre-1 de noviembre. Conferencia de Paz de Madrid que impone el principio de paz a cambio de territorios y da paso a las primeras negociaciones bilaterales entre Israel y los palestinos (representados por dirigentes de los Territorios Ocupados que forman parte de la delegación jordana y trabajan en estrecho contacto con Arafat) y los países árabes vecinos. Posteriormente, las negociaciones proseguirán en Washington.

1992: 23 de junio. La victoria del Partido Laborista y la proclamación de Isaac Rabin como primer ministro hacen posible las negociaciones secretas de Oslo entre Israel y la OLP.

1993: 20 de agosto. Israel y la OLP cierran el Acuerdo de Oslo.

13 de septiembre. Isaac Rabin y Yasir Arafat firman en Washington, en presencia del presidente Bill Clinton, la Declaración de Principios sobre los Acuerdos Provisionales de la Autonomía Palestina (Acuerdo de Oslo), que supone el reconocimiento mutuo del Estado de Israel y de la OLP y abre las puertas a la autonomía de Gaza y Cisjordania.

1994: 25 de febrero. Masacre de Hebrón: un terrorista israelí asesina a 29 palestinos mientras oraban en la mezquita Ibrahim.

4 de mayo. Isaac Rabin y Yasir Arafat firman en El Cairo un acuerdo sobre cómo debe aplicarse la Declaración de Principios de 1993.

1 de julio. Yasir Arafat regresa a Gaza.

25 de julio. Isaac Rabin y el rey Hussein de Jordania firman la Declaración de Washington que prevé un acuerdo de paz y el establecimiento de relaciones diplomáticas entre Israel y Jordania.

26 de octubre. Israel y Jordania firman el Tratado de Paz. Jordania se convierte en el segundo país árabe que reconoce al Estado de Israel.

18 de noviembre. Graves enfrentamientos entre la policía palestina y manifestantes en Gaza.

27 de noviembre. Establecimiento de relaciones diplomáticas entre Israel y Jordania.

1995: 22 de enero. Un atentado de la Jihad Islámica mata a 19 israelíes.
Isaac Rabin bloquea los territorios autónomos palestinos.
Abril. Tras varios atentados reivindicados por Hamás, Yasir Arafat hace arrestar a unos 200 miembros y simpatizantes de dicha organización.
28 de septiembre. Isaac Rabin y Yasir Arafat firman en Washington un nuevo acuerdo provisional (Oslo II) que regula y extende el régimen de autonomía a Cisjordania.
4 de noviembre. Isaac Rabin es asesinado por un miembro de la extrema derecha israelí. Simon Peres reemplaza a Rabin.
Noviembre-diciembre. En cumplimiento de Oslo II, el Ejército israelí se retira de las seis principales ciudades palestinas de Cisjordania. Se pospone, sin embargo, la evacuación de Hebrón donde todavía quedan colonos judíos.

1996: 20 de enero. Al Fatah y los los dirigentes del interior surgidos durtante la Intifada y Yasir Arafat ganan las primeras elecciones al Consejo de la Autonomía y a la Presidencia de la Autoridad Nacional Palestina (ANP).
Febrero-marzo. En respuesta al asesinato de Yehia Ayache, el «ingeniero», por los servicios secretos israelíes, Hamás organiza varios atentados que causan un centenar de muertos israelíes. Simon Peres decide crear una «zona de seguridad» a lo largo de Cisjordania.
Abril. Simon Peres responde a los ataques de Hezbollá contra Galilea con una desafortunada intervención en el Líbano.
24 de abril. En su primera reunión en Gaza, el CNP decide suprimir de la Carta Nacional todos los artículos que cuestionan el derecho a la existencia del Estado de Israel.
29 de mayo. Retroceso del Partido Laborista en las elecciones legislativas y victoria de Benjamin Netanyahu en la elección a primer ministro. Gobierno del Likud.
23-24 de septiembre. La apertura de un nuevo acceso al túnel de los asmoneos, bajo la Explanada de las Mezquitas, da origen a una ola de violencia que provoca la muerte de 62 palestinos y 14 soldados israelíes.

1997: Enero-febrero. Israel incumple los acuerdos sobre la retirada de los colonos de Hebrón.
Febrero-abril. Graves incidentes como consecuencia de la construcción del nuevo barrio judío de Har Homa en Jerusalén Este. Se paraliza el proceso de paz.
Tel Aviv libera al jeque Ahmed Yassine, líder espiritual de Hamás, que será objeto de un recibimiento triunfal en Gaza.

1998: 23 de octubre. Tras varios días de negociaciones supervisadas por Bill Clinton, Israel y la ANP firman el Acuerdo de Wye River basado en el principio de seguridad a cambio de territorios.
24 de noviembre. Inauguración del aeropuerto de Gaza.
18 de diciembre. Israel suspende unilateralmente la aplicación del Acuerdo de Wye River.
21 de diciembre. Ante las graves acusaciones que pesan sobre Netanyahu, el Parlamento israelí decide su autodisolución y la convocatoria de elecciones anticiapadas para el 17 de mayo de 1999.
1999: 25 de marzo. La Unión Europea (UE) proclama «el derecho permanente y sin restricción de los palestinos a la autodeterminación, incluyendo la posibilidad de constituir un Estado».
Marzo-mayo. Estados Unidos y la UE presionan a Arafat para que posponga la declaración del Estado palestino, prevista, según los Acuerdos de Oslo, para el 4 de mayo de 1999.
17 de mayo. El Partido Laborista y Ehud Barak ganan las elecciones legislativas y a primer ministro.
4 de septiembre. Yasir Arafat y Ehud Barak firman el Memorándum de Charm el-Cheikh (Egipto), que prevee, en base a las Resoluciones 242 y 338l, llegar a un acuerdo marco definitivo antes del 13 de septiembre de 2000.
2000: Mayo. Israel se retira precipitadamente del sur del Líbano.
11-24 de julio. A pesar de los intentos del presidente Bill Clinton las negociaciones de Camp David acaban en un fracaso.
13 de septiembre. Yasir Arafat pospone por segunda vez la declaración del Estado palestino.

El estallido de la paz

2000: 28 de setiembre. Ariel Sharon, líder del Likud, visita la Explanada de las Mezquitas, lo que los palestinos interpretan como una provocación. Al día siguiente da comienzo la segunda *Intifada* también conocida como Intifada de Al Aqsa.
16-17 de octubre. Cumbre palestino-israelí de Charm el-Cheikh (Egipto).
Octubre-noviembre. Escalada de la violencia: el Tsahal responde con enorme dureza a la revuelta y a los atentados terroristas.
9 de diciembre. Barak dimite y convoca elecciones anticipadas a primer ministro.
Diciembre. Bill Clinton intenta reactivar el proceso de paz pero no consigue que Barak y Arafat se reúnan en una nueva cumbre de Charm el-Cheikh.

2001: 21-27 de enero. Las negociaciones de Taba acaban sin acuerdo.
6 de febrero. Con una participación muy baja (62 por 100), Ariel Sharon gana las elecciones a primer ministro por un amplio margen de votos.
11 de marzo. El Tsahal bloquea los accesos a Ramala.
28 de marzo. Helicópteros del Tsahal bombardean Gaza y Cisjordania en respuesta a diversos atentados.
31 de marzo. Incursión del Tsahal en Cisjordania donde capturan a miembros de la guardia personal de Arafat, la Fuerza 17.
Marzo-abril. La escalada de la violencia parece fuera de control.
14 de abril. Desde el Líbano, Hezbollá ataca una posición israelí en las Granjas de Chebaa. Dos días después, la aviación israelí bombardea la estación radar de Dahr-el-Baïdar, al este de Beirut.
21 de mayo. La Comisión Mitchell recomienda poner fin a la violencia, restablecer las medidas de confianza y reemprender las negociaciones.
31 de mayo. Muere en Kuwait de un ataque al corazón Faisal al Husseini. La ANP sin una de sus voces políticas más autorizadas y clarividentes.
Junio. El director de la CIA, George Tenet, elabora el Plan Tenet. Es un nuevo intento fracasado de restablecer la paz en la zona.
Julio. Nueva escalada de la violencia en los Territorios Ocupados.
27 de agosto, Abu Ali Mustafá, líder del Frente Popular de Liberación de Palestina, es alcanzado en Ramala por dos misiles israelíes.
2 de octubre. George Bush se declara partidario de la creación de un Estado palestino.
17 de octubre. Miembros del Frente Popular de Liberación de Palestina, asesinan en el hotel Hyatt de Jerusalén al ministro de Turismo de Israel, Rehavam Zeevi, en respuesta al asesinato de su líder Abu Alí Mustafá por el Tsahal.
23 de noviembre, el coche de Mahmud Abu Hunud, líder del brazo armado de Hamás, es destruido en Nablús por varios misiles lanzados desde un helicóptero del Tsahal.
3 de diciembre. El Tsahal destruye el heliaeropuerto de Arafat y la pista del aeropuerto de Gaza.
13 de diciembre. Sharon rompe todo contacto con la ANP y prohibe a Arafat salir de Ramala.
24 diciembre. Sharon impide a Arafat asistir a la misa de Navidad en Belén.

26 de diciembre. Benjamin Ben-Eliezer, ministro de Defensa en el Gobierno de Sharon gana las elecciones internas del Partido Laborista.

2002: 11 de enero. Bulldozers del Tsahal acaban de destruir el aeropuerto de Gaza.

19 de enero. El Tsahal destruye los locales de la radio «La Voz de Palestina» en Ramala.

Febrero. El Tsahal, en la mayor ofensiva desde el comienzo de la Intifada de Al Aqsa, ataca por tierra, mar y aire edificios y enclaves de la ANP. Tienen lugar varias manifestaciones pacifistas en Israel pidiendo el fin de la violencia y la retirada de Israel de los Territorios Ocupados

17 de febrero. Se filtra la propuesta de paz saudí.

Enero-marzo. Prosiguen los atentados suicidas en Israel.

10 de marzo. El Tsahal lanza un ataque a gran escala contra las instalaciones y la infraestructura de la ANP.

13 de marzo. Naciones Unidas aprueba la Resolución 1397, que, por primera vez, cita expresamente la instauración de un Estado palestino.

28 de marzo. La cumbre de la Liga Árabe reunida en Beirut aprueba la propuesta de paz saudí (Arafat, confinado en Ramala, no puede asistir). Un atentado suicida causa 20 muertos en Netania.

29 de marzo. Ariel Sharon lanza la operación «Muro Defensivo»: el Tsahal reocupa las ciudades palestinas y aísla a Arafat en Al Mokata, sede de la ANP en Ramala.

Marzo-Abril. El Tsahal reocupa y destruye barrios enteros y los centros históricos de las ciudades palestinas de Cisjordania. Se alzan voces que hablan de masacres, especialmente en Yenín, y de crímenes de guerra. Las manifestaciones de protesta se suceden en las ciudades árabes y europeas.

2 de abril. Combatientes y civiles palestinos se refugian en la Basílica de la Natividad de Belén. El Tsahal pone cerco a la Basílica.

10 de abril. Estados Unidos, la UE, Rusia y la ONU firman la Declaración de Madrid, que insta al primer ministro Ariel Sharon a poner fin a la reocupación de Gaza y Cisjordania y a Yasir Arafat a combatir el terrorismo.

14-18 de abril. A pesar de entrevistarse con Sharon y Arafat, el secretario de Estado norteamericano Collin Powell no consigue poner fin a la violencia.

15 de abril. Es arrestado en Ramala Marwan Barguti, responsable de Al Fatah en Cisjordania, y, según Tel Aviv, uno de los dirigentes de la Intifada de Al Aqsa y responsable de las Brigadas

de los Mártires de Al Aqsa, grupo próximo a Al Fatah que se ha atribuido algunos de los últimos atentados suicidas.
20 de abril. Naciones Unidas aprueba la Resolución 1405 que prevé la creación de una misión para esclarecer los hechos de Yenín. La misión se disolverá antes de actuar ante la negativa de Sharon de permitir su acceso a Yenín.
28 de abril. Sharon y Arafat aceptan una propuesta del presidente George Bush por la que los responsables del asesinato del ministro de Turismo de Israel son entregados a expertos militares estadounidenses y británicos, que los custodiarán durante el tiempo que tarden en cumplir la condena impuesta por un tribunal de la ANP.
1 de mayo. Se levanta el cerco a Arafat y los carros de combate israelíes se retiran de Ramala.
10 de mayo. Se pone fin al asedio de la basílica de la Natividad de Belén donde se habían refugiados algunos combatientes palestinos, que son deportados a Gaza y Chipre, mientras la población civil y los monjes recuperan la libertad. Es el fin de la operación Muro Defensivo.

ÍNDICE GENERAL

PRÓLOGO 5

«ISRAEL ES RENTISTA DEL HOLOCAUSTO»,
entrevista de Javier Ortiz a José Saramago 13

«EE.UU. PERMITIÓ UNA RESOLUCIÓN DE LA ONU QUE
HABLABA DE UNA "VISIÓN" DE UN ESTADO PALESTINO»,
Noam Chomsky 37

EE.UU. E ISRAEL: LOS CÓMPLICES DEL CRIMEN,
James Petras 47

EL ÚLTIMO TABÚ ESTADOUNIDENSE, Edward W. Said 77

UN ESTADO CONTRA UN PUEBLO, Alberto Piris 91

ISRAEL Y PALESTINA, ENTRE LA GUERRA Y LA PAZ,
Antoni Segura 121

CRONOLOGÍA DEL CONFLICTO 181